自治体情シス担当の
シゴト

自治体DX研究会 編著

ぎょうせい

はじめに

　本書を手に取っていただき、ありがとうございます！

　「書名に今さら『情シス』!?」って？

　その疑問、わかります！　本書の書名をどうするか、本書の企画段階から悩みに悩みました。他の部署に比べて自治体によって部署名がさまざまで、全国でそれはそれは賑やかな命名バリエーションがあるものですから。かといって、書名に「電算、情シス、IT推進、情報政策、デジタルなんちゃら……」などと何十種類も併記するわけにはいきません。正直、悩みました。自治体の部署、部門名でこんなに種類があるのはこの分野ぐらいではないでしょうか？

なんで「情シス」なの？

　これはきっと「情シス」が、旧来の電子計算処理をする部門→システム化→IT化と、業務の内容や目的が時代とともに変わってきたからでしょう。また、その中にあっても、システム、ITを使ったサービスを管理運用する組織としての側面から、情報政策と呼ばれる政策部門的役割までを担い、近年では、DX推進の流れで広く事業部門の業務改善を主導する役割へと変革を遂げています。別組織を付加もしくは分散されたところもあります。昔ながらの電子計算や情シスを知っている世代からすると、実に時代は大きく変わったものです。そして、大きな自治体では部門ごとに情シス的な部門があったりもして……。

　とまれ、本の方向性を決めるためにも書名を決めねば……。そこで、執筆陣で改めて業務の内容を検討してみましたところ、実はこの業務、今までのシゴトと本質的にはほとんど変わってないのではないか、ということに気づきました。

機器、ネットワークなどのハード系のインフラ、ソフト系のITサービスの導入とそのお守り、それらを導入するための検討、庁内調整、業務主管課とのさまざまな交渉、提案などなど、今まで当たり前にやってきたことの名前や視点が少し変わってきただけではないのか。ならば、過去のどこの自治体でも冠してきたと思われる、より汎用的で、今ではノスタルジックな味わいのある「情シス」ではどうでしょう？　愛着もあるし、いまだに使われてたりしますもんね。ということで決まりました。

初心者向けの本です

　本書のターゲットは、初めて情シス、もしくは情シス的な業務に携わる職員です。少し難しいところもあると思いますが、とにかく、情シスでの考え方、働き方を知るうえでの一助にでもなればと念じて書きました。

　「IT」、「ICT」、「システム」と、この分野の業務の説明では横文字が頻出します。多種多様な用語が存在するうえにその意味合いが少しずつ異なり、とてもやっかいなのです。しかし、こだわりすぎると注釈だらけの読みにくい本になってしまうことから、初心者向けに厳密に用語を使い分けないことにしました。ベテランさんは気になるかもしれませんが、まずは初心者の方に業務を知ってもらうことに注力しました。知ってもらった後は、ご自身の自治体の環境に合わせて、じっくりとご指導をお願いします。

情シスは総合格闘技

　最後に、本書を書き上げた執筆陣の感想はというと……、

　「情シスは総合格闘技だ！」

　これに尽きます。

　このシゴトを極めようとしたら、法律、契約（経理管財）、住民系業

務知識、IT の知識、サイバーセキュリティ、個人情報保護、統計、庁内交渉とありとあらゆる知識とスキルが求められます。そして、情シスは、それらの最新動向を理解する・理解しようとする高い意識もあわせ持つ自治体業務の総合格闘家を育成する虎の穴なのかもしれません（例えが古くて申し訳ありません。修行の場とでもご理解ください）。

執筆を通して、このような知識や視点、意識に触れることができるすばらしい部署が情シスだと私たちも改めて気が付きました。情シスでの任期が何年となるかはわかりませんが、きっとそれはあなたの役所人生での最大の経験となることでしょう。

最後に情シスでのシゴトが輝くものでありますようにお祈りしています。そして、本書がそんなあなたの背中をそっと押せるような本でありますように。

2023 年 2 月　　　　　　　　　　　　　執筆陣を代表して

遠藤　芳行

第3章【シゴト2】システムの運用・保守

第4章　【シゴト3】情報セキュリティ

第5章 【シゴト4】業務改革

第6章 【シゴト5】人材育成

第7章 【シゴト6】データ活用

第8章 【シゴト7】これからのIT インフラ構築について考えよう

※掲載のURL、二次元コードは2023年3月時点の情報です。

装丁・本文デザイン・図版作成　工藤公洋
本文DTP　山本秀一、山本深雪 (G-clef)

1

第 1 章

情シスのシゴトとは？

Ⅰ 「情シス」へようこそ！

　情報システム、略して「情シス」という部署名は、今や少数派となってしまったかもしれません。2021（令和3）年9月にデジタル庁が創設され、民間企業でもDX（デジタル・トランスフォーメーション＝デジタル技術を活用した業務変革）が叫ばれている現在、自治体における情報システム部門の役割も変革期を迎えています。さまざま組織名が付けられ、読者の皆さんもそんなできたてホヤホヤの看板を掲げた組織に配属されているかもしれません。そして、その付けられた名称からは、自治体における情報システム部門への期待や考え方、戦略を見て取ることができます。あなたの自治体ではどのような名称が冠されていますか？

　もちろん、名称だけにとどまらず、情報システム部門の所掌する事務も自治体によってずいぶんと差があります。これらを多少強引にまとめると、自治体業務の最重要なインフラである情報ネットワークとシステム群を支え、業務遂行の必須ツールであるIT（本章では、電子計算組織、コンピュータ、情報システム、IT、ICT※、デジタルなどを総称して「IT」と呼びます。24ページのコラムも参照してください）を提供し、さらに近年改めて注目を浴びるようになった、業務そのもののイノベーション、トランスフォーメーションの推進役などを担う重要な部署、それらが情シスのシゴトです。

　代表的な情シスのシゴトは以下のとおりです。

①ハードウェア、ソフトウェアの保守、運用、選定、開発導入
- システムのサーバー、クラウド環境
- システムのデータ連携基盤、統合基盤

・ネットワークや端末機器などのインフラ

・住基、税務などの業務システム、出退勤文書管理などの事務管理
 システム

・ウェブページやスマホアプリなどのインターネットサービス
 など

②IT 技術を活用した施策の検討、計画策定

③業務部門各システムの IT 予算への助言、指導、査定もしくは計上

④情報セキュリティポリシーの策定、維持管理、情報セキュリティ監
 査の実施

⑤マイナンバー制度の主管、特定個人情報保護評価の担当、取りまと
 め

⑥オープンデータなどのデータ利活用

　自治体規模や組織のあり方、デジタル戦略の考え方などにより自治体
ごとに千差万別ですが、IT に関係する役所の業務なら何でも情シスのシ
ゴトになり得ます。ライン・アンド・スタッフの考え方からすると、典
型的なスタッフ部門です。すべての自治体業務の強力な「縁の下の力持
ち」でもあります。そして、私たちが念頭に置くのは、ユーザーである
ライン部門が気持ちよく仕事ができること、ラインの先にいる真のユー
ザーである住民が幸せになることです。

　なお、上の代表的なシゴトの例に難解に感じる言葉があったとしても、
業務ならではの知識や用語は、他の部署と同様に少しずつ理解をしてい
けば大丈夫です。本書の後段の章ではなるべくやさしく解説するので安
心してください。まず、本章では、自治体の情シスに就かれた方へのエー
ルを含めて、意外と幅広い情シスのシゴトについて簡単に解説をしたい
と思います。

II 情シスのシゴトとは？ ——求められる人材と学習方法

1 情シスのシゴトは特殊？

情シスのシゴトは、前述のとおり、多岐にわたります。いわば「システムの何でも屋」です。一方で、情シス以外の部署からは、「何をやっているかわからない」、「言っていること（の言葉）が理解できない」などといわれるケースが多いように思います。そのためか、情シスは「謎の横文字単語をしゃべる職員」もしくは「IT に詳しい人」がいるところ——そのようなイメージも相まって、情シスに異動が告げられると「IT なんて詳しくないのに」などと不安でいっぱいになったという声もよく耳にします。

しかし、情シスは、そんなに特殊な業務なのでしょうか？　他にも業務専門知識が必要な部署が山ほどありますが、とりわけ情シスは自治体内のさまざまな部署との幅広い接点があり、それぞれのシーンで業務知識を駆使することが多いために、そのようなイメージが増幅されてしまっているのかもしれません。

情シス固有と思われている IT 関係の業務知識に関しては、他部署と比べてもそれほど気に病む必要はなく、IT 機器の操作に対して極度の苦手意識がなければ大丈夫です。だって、皆さんはスマートフォンという、一昔前の巨大なコンピューターの性能をはるかに凌駕する IT 機器を日常生活で利用しています。すでに IT 機器の下地があると思いますが、どうでしょう？　むしろ、情シスの職員に求められることは、日常で新たな IT 機器やサービスに触れていることによる着想や、業務を通じて IT サービスの改善策を考えるユーザー目線での発想です。なにより、こ

出典：総務省ホームページ（https://www.soumu.go.jp/johotsusintokei/
whitepaper/ja/r01/image/n1101350.png）

の本をきっかけに「情シスの仕事は楽しそうだな」と少しでも思っていただければ、業務知識もすんなりと頭に入ってくるはずと信じています。

　また、もしあなたの自治体の情シスが「ハードルが高い」とか「相談しにくい」などと思われているとしたら、情シス新人であるあなたがそのイメージを払拭し、「開かれた情シス」、「身近な情シス」を中心に、デジタル改革を推進するチームを創造する余地が用意されているのだ、と捉えることができます。ワクワクしませんか？

　ただし、日本語化している技術が少ないため“横文字略語”の多い点だけはごめんなさい。慣れてくださいとしか申し上げられません。これらの用語を事業部門や住民の方々にわかりやすく解説できたとき、あなたは情シスのメンバーとして一目置かれる職員となっているはずです。がんばって勉強してください。

情シス前史──電算時代（オフコン〜ホスト時代）

　1960年代から1990年代までにかけては、小型のオフィスコンピューター（ミニコンピューター）、もしくは大型のホストコンピューター（メインフレーム）の時代でした（今も使われている自治体はあります）。

　この時代のコンピューターは「電子計算組織」と呼ばれ、今も法令や条例等にこの名称が生き残っているかもしれません。このシステムでは、計算処理はすべて中央のコンピューターで行われ、職員が使用するシステムは「端末」と呼ばれ、単に中央のコンピューターの入出力を行うだけの機器との位置づけでした。

　ホストコンピューターの場合を例にとると、あたかも神殿のごとく電子計算室（マシン室との呼び名も）に鎮座し、COBOL（コボル）などというコンピューター言語を駆使する情シス職員が神官のごとく神であるコンピューターと会話することが許されていました。……という寓話がぴったりの時代でした。当時の情シスのシゴトはこれらの電子計算機のお守りをするとともに、プログラム言語を自ら習得し、システムを自ら作り上げていた（内製化といいます）職人的存在でした。もしかしたらあなたの自治体にも当時の職人が残っているかもしれません。こういった内製化の時代には職員の育成に多くの時間とコストが必要でしたので、情シス歴の長い職員は全国にたくさんいました。今でもその名残が続いている自治体もあるようです。

2　情シスのシゴトに必要なことを知る

（1）情シスの役割

　新しい業務知識に対する好奇心や探求心はどの業務にも必要ですが、情シスならではの特徴をいえば、IT に関する業務知識はほぼ官民共通だということです。そのため、がんばれば、民間で働くのと同等の技術を手に入れることができてしまうというのはとても魅力的なことだと思います。安易に転職を進めるつもりはまったくありませんが、IT 技術を手に入れた職員が民間に転職したという話をよく聞くのも情シスならではかもしれません。

　情シスでは、自治体内の各部署や IT 関係の事業者（本書では IT 関連事業者、システム開発や販売事業者などを総称して「ベンダー」といいます）とを結び、両者の仲立ち、仲介またはお互いの業務用語を通訳するような仕事をする場面が多くなります。まずは、ベンダーが口にする IT 用語などのシステム関係の知識を少しずつでいいので学習していきましょう。目標の 1 つとして IPA（情報処理推進機構）などの資格試験を受けるのも手です。スキルを磨けるうえ、到達点を可視化できるのも魅力的です。そしてなにより、一番の上達の道は、打ち合わせなどの際にわからないことがあったら積極的にその場で質問をすることです。もしかしたら、先輩やベンダーが冷や汗を流す場面を見られるかもしれませんが……。

（2）自治体業務の知識

　先の項では、情シスのシゴトは自治体内の各部署とベンダーの間の通訳のような仕事である、IT 用語なども勉強しましょう、と書きました。しかし、情シス業務知識を身につけるにあたり意外に大変で重要なことは、IT の知識より自治体側の業務知識を身につけることです。IT 関係の知識は J-LIS（地方公共団体情報システム機構）などの研修、インター

ネット（無料の学習コンテンツを提供しているところもありますので探してみましょう）や書籍、ベンダーによるセミナーなどで確実に手に入れることができます。

　しかし、住民基本台帳や税務などの業務システムに関わる業務を行うときの自治体側の業務知識を得る手段は、入門書と呼べる書籍が意外と少なく、IT利用の対象となる業務の概要とその根拠となる法令、自治体ごとに異なる内部規定などの特色、事務処理フローやその他の約束ごと等々を簡単に習得できる定番の手段は限られています。筆者は、法令をはじめとした制度情報を自治体のホームページや住民向けパンフレットなどで入手したり、事業課（情シス用語で「原課」といいます）の新人・異動者向け研修に潜り込んだり、個別にレクチャーを受けたり、足しげく通って現場の様子を観察したりするなどあらゆる手段を使い、自治体内のユーザー＝事業所管の知識を、広く浅くでいいので手に入れるように努めています。こうした情シスのシゴトを続けていると、「情シスは配属されたことのない業務知識まで幅広く得られるおいしいシゴト！」と感じられることが多々あります。働き過ぎはいけませんし、ほどほどにとは思いますが、自分のシゴトはここまでと線を引かずに、興味・関心の赴くままに深掘りしても損はありません。

　プロの外国語通訳は、現場に挑む際に用語をただ単に覚えるだけではなく、会話の背景となる分野の概要を事前に学習するそうです。私たち情シスも原課とベンダーを結ぶプロの通訳として、原課とベンダーの背景となるカルチャーをよく理解して業務にあたりたいものです。そして、ただ言葉を伝えるだけではなく、それぞれの望むこと、課題に対する業務改善策、将来におけるニーズなどの情報を双方に考えてもらうように仕向けることができればいうことはありません。

（3）交渉力・調整力・説明力など

　情シスでは、システムの構想、導入、運用などのあらゆる場面で、他部署、事業者との交渉や調整などが頻繁に行われます。部署間や、各部署とベンダーとの間を取り持つときには、前述のとおり、お互いの言葉（業務用語）を理解する知識を持つことにとどまりません。その場で出た異なる意見を取りまとめ、最終的によりよい職場、住民サービスに結び付く結論へとプロジェクトを遂行しなければなりません。プロジェクトの目的を常に意識し、結論を前向きに受け止めてもらうネゴシエーション（交渉）が必要となります。

　そのためには、自治体業務や法令規則に関しての広い知識や、国を含めた施策の動向を知ったうえで、自治体内に向けてはITの情報を、そして民間事業者に向けては自治体の事情や業務などを俯瞰的に分析して伝える能力、相手に伝わりにくい情報をわかりやすく会議資料にまとめる資料作成能力と、それらの資料を使っての説明能力が求められます。

　このような能力を高めながら職務を取り巻く関係者一同をチーム化し、原課、ベンダーなどの異なる立場の者たちからなるワン・チームで積極的に課題解決にあたることができたら、それは最高に楽しいシゴトになると思います！　これを1つの目標としたいですね。

　これらの能力を身につけるには、まずは人的ネットワークを広げて情報収集・交換することが早道です。少し古い表現ですが「アンテナを高く張る」というものです。他自治体などでの成功事例や失敗事例を含めて参考にすると学べることがとても多くておすすめします。この学び合いの場を得るためには、リアルなセミナー等に参加できるのであれば参加者に臆せず声をかけ、情報交換をしてみることです。インターネット上に数多あるSNSなどの集まりに積極的に参加して情報収集をすることもとても効果的です。なお、SNSでの情報収集は閲覧のみもできますが、初歩的な質問で構わないので積極的に発言してみることで、入手で

きる情報量は格段に増えます。ぜひともチャレンジしてみてください。

（4）情シス職員のトレンド

　マイナンバー制度の発足以来、IT を中心とした従来の法体系の枠組み
を超えた横断的な施策が矢継ぎ早に展開されています。これらの施策を
確実かつ迅速に展開していくためには、従来の縦割りの手法ではうまく
いきません。DX の「X ＝トランスフォーメーション（変革）」を伴う新
たな手法の創造、発想の転換が求められています。IT（デジタル）技術
を基盤とした自治体間、自治体と中央官庁、自治体とベンダー等の民間
との情報の共有と、適度な緊張感を保ちつつもお互いの立場を超えて協
力しあう共創が不可欠となっているのです。

　しかし、これは、情シスだけ、ましてやあなた 1 人の力だけで到底
成しえることではありません。加えて、確立した正解、手法がない中
で、試行錯誤しながら解決策を探さなければいけないこともあるでしょ
う。率直にいえば、精神的にもなかなかつらい状況になる可能性もある
でしょう。そんな厳しい状況を打開する方策の 1 つが、自治体内外に 1
人でも多くの仲間をつくることです。たとえば、前節にも書いたような
職員有志による SNS や勉強会などを上手に活用しましょう。もし、自
治体内に同様の会があれば顔を出してみましょう。こういった仲間づく
りの動きはジワジワと全国的に広がっています。

●全国に仲間がいると……
 ・施策や技術の動向をいち早く入手できる
 ・業務の課題を整理し、気が付くことができる
 ・業務の解決方法、取り組みの参考事例、アイデアを知ることができ
 　る
 ・アドバイスをもらえることもある

なにより、職務に対する意欲や元気がもらえる集まりが着実に増えていますから、自分に合った集まり、勉強会を見つけてください。

　官公庁でも、自治体のこういった自治体職員同士の横のつながりに着目し、実際の施策を展開する自治体をプロジェクトのパートナーと捉える考え方も少しずつ浸透してきました。自治体職員と政府機関職員がオンライン上で意見交換ができるデジタル庁が創設した「デジタル改革共創プラットフォーム」(33ページ)はその1つの例です。そして、ITによる交流にとどまらず人的な交流が大切との認識から、官公庁との人材交流、総務省の各種自治体支援策、アドバイザー制度、民間人材の職員登用など、制度的な交流も拡大しています。もしあなたの自治体でこれらの仕組みを活用していないのであれば、見落とさないように注意深くリサーチをして、積極的に活用できるように提案をしていきましょう。

システム開発はもう古い?

　「IT」とは、Information Technology の略で日本語では「情報技術」と訳されます。

　情報技術?　まだわかりづらいですね。情報技術とは、コンピューターを使って、電子的な情報(データ)を作ったり、利用したり、使いやすい形に書き換えたりすることくらいに捉えていただければ大丈夫です。

　一方、「ICT」とは、Information and Communication Technology の略称で、日本語では「情報通信技術」と訳されます。IとTの間に Communication =「通信」という言葉が入っています。私たちは、インターネットを中心としたさまざまな通信技術を利用したり、データを活用したりすることで、有形無形にとらわれず交流しています。ICT は、人と人だけでなく、人と社会をつなぐ重要な役割を果たしています。こういったコミュニケーションを意識した用語として ICT が使われ始めましたが、最近では、デジタル技術が情報コミュニケーションを含むのは当たり前となっていますので、使い分けがあいまいになっており、情報の受発信を強調するときなどに「ICT」を使うケースが多いようです。

　そういえば、「IoT」なんていうのもありましたね。

第2章

【シゴト1】
IT政策（施策）

Ⅰ 日本のIT政策の話

　いきなり IT 政策（施策）といわれても、なんだかよくわからないかもしれませんね。IT 政策（施策）とは、簡単にいうと、コンピューターなどのデジタル技術を使い、さまざまなデータを活用して、社会をよくしようとする基本的な方針や具体的な事業のことです。

　本章では、まずは日本の IT 政策（施策）の変遷からひも解いてみます。

　コンピューターが発明され徐々に IT が政策に活用されるようになっていく過程を、年表で振り返ってみます。なんとなく今までの流れが把握できると思います。

1　IT 基本法ができる前

　1946（昭和 21）年に米国で初めて、コンピューター「ENIAC」が公開されました。日本では、その 10 年後の 1956（昭和 31）年に初の国産コンピューター「FUJIC」が作られ、それに合わせるようにしてコンピューターなどの電子機器およびその周辺装置の開発研究、性能改善、機械産業の生産技術の向上と生産の合理化を促進する目的で優遇税制の適用などを定めた法律（電子工業振興臨時措置法（昭和 32 年法律 171号））が施行されるなど、最先端の技術を活用できるよう、日本の IT 政策も日本国内の情報技術の動向に敏感に反応していたようです。

　続いて、コンピューター同士をネットワークでつないで利用できるようになり、それに合わせるように電気通信事業法（昭和 59 年法律第 86号）等の施行に伴い日本電信電話公社が民営化され、日本電信電話株式

会社（NTT）が発足し、通信自由化へと続きます。

このころは、米国の動きに追随するように情報技術がいち早く取り入れられ、世界と比べて情報通信技術で日本が遅れをとっていた印象は受けません。むしろ、高度経済成長を背景に世界の最先端を必死に追いかけていたように感じます。

2　IT基本法制定後（2000年以後）

日本政府はe-Japan戦略のもと2005（平成17）年までに世界最先端のIT国家となるよう、ブロードバンド（大容量のデータを通信できるインターネット接続サービス）の普及や安い料金設定などの着実な成果を上げインターネット通信環境の基盤整備を行いました（図表1－1）。

図表1－1　我が国のIT戦略の歩み

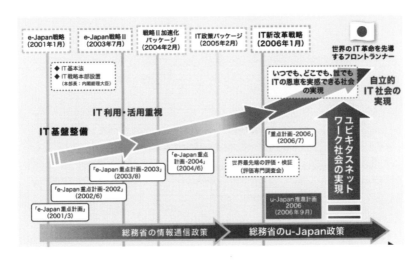

出典：総務省ホームページ（https://www.soumu.go.jp/menu_seisaku/ict/u-japan/images/outline/new_outline01.gif）

通信環境の整備が目標どおり順調に進み、次のIT政策として、2004（平成16）年、u-Japan戦略を策定し、「いつでも、どこでも、何でも、誰でも」ネットワークに簡単につながる社会を目指しました。なお、「u」はユビキタスの「u」に加え、ユニバーサル、ユーザーオリエンテッド（顧客第一主義）、ユニークの３つの成果の「u」を表しています。

　ところで、ユビキタスという言葉、今ではあまり聞かなくなりましたよね。ユビキタスとは、ITが生活の隅々に融けこむことによって、これまで通信機器とは思われていなかったものも含め、あらゆる人や物が結びつくという基盤性に着目した理念です。詳しくは、図表１－２の理念図をご参照ください。

図表１－２　u-Japan（ユビキタスネット・ジャパン）の理念

出典：総務省ホームページ（https://www.soumu.go.jp/menu_seisaku/ict/u-japan/images/outline/outline03.gif）

あれ？　この考え方は、今も目指している気がしませんか？　もしか
したら、2005年から現在までずっと達成できずに似たようなIT政策を
繰り返しているうちに、欧米などのIT先進国と日本では大きな差が生
まれてしまったのかもしれませんね。

　IT先進国では、2020（令和2）年に発生した新型コロナウイルス感
染症対応にITを効果的に活用しました。たとえば、マスクの在庫を管
理して買い占めが起きないようにアプリで制御したり、仕事ができなく
なって生活費に困っている国民に給付金をオンラインで迅速に支給した
り、会社に出勤することなく一定の業務がテレワークで行えたり、学校
の授業をオンラインで実施したりと、いち早くデジタルを使って状況に
対応していました。

　ところが、日本は、一律10万円の特別定額給付金の支給に何カ月も
かかったり、押印が必要なゆえに紙でしか処理できない業務があるため
なかなかテレワークが定着しなかったり、オンライン授業の環境が整備
できずに休校になり春休みが夏休みのように長くなってしまったりして
いました。

　特に、10万円の特別定額給付金の支給は、私たち自治体職員も大変
苦労しました。国が用意したマイナンバーカードを使った仕組みでオン
ライン申請を利用できたものの、マイナンバーカードを持っている人が
少なかったため、紙申請とオンライン申請の2つの業務フローで事務を
行わなければならない状況となるなど、「新しい生活様式」といわれた
コロナ禍の状況に日本の情報社会体制が適応できない状況を露呈してし
まいました。

　当時のデジタル改革担当・情報通信技術（IT）政策担当大臣は、この
状況を「デジタル敗戦」と述べました。

3　DX（デジタル・トランスフォーメーション）期

　前述の状況を打破するため、デジタル庁が2021（令和3）年9月に発足しました。「誰一人取り残されない」デジタル化の実現を目指し、デジタル社会の実現に向けた重点計画を2022（令和4）年に発表し、今までにないスピード感で、出遅れた日本の行政のデジタル化を挽回しようと動きはじめました。

　図表1-3は日本の情報政策についてまとめた年表です。この表に出てくる言葉で気になるものがあれば調べてみてください。さらに、自分で調べた事柄をこの年表に加えると、また違った発見があり、より理解が深まると思います。

図表1－3　情報政策に関する略年表

	年	情報施策の動向	国内技術・経済動向	その他
IT基本法前史	1946（昭和21）年	文部科学省科学試験研究費補助金創設		【米】コンピュータ「ENIAC」公開
	1956（昭和31）年		初の国産コンピュータ「UJIC」	
	1957（昭和32）年	電子工業振興臨時措置法成立		
	1969（昭和44）年			【米】ARPAネット実験開始
	1971（昭和46）年	公衆電気通信法一部改正（公衆通信回線の一部開放）		
	1977（昭和52）年			Apple II 発売
	1979（昭和54）年		NEC PC-8001発表	
	1984（昭和59）年		JUNET接続	
	1985（昭和60）年	電気通信事業法等の施行、通信自由化、NTT発足		Windows1.0発表
	1986（昭和61）年		日本初の商用パソコン通信サービス開始	
	1987（昭和62）年		NTT携帯電話サービス開始	
	1993（平成5）年	インターネット商用利用の許可（郵政省）	商用インターネット開始	【米】NII（National Information Infrastructure）構想
	1995（平成6）年	高度情報通信社会推進本部設置	・PHSサービス開始 ・NTT「テレホーダイ」サービス開始	Windows95発表 【日】阪神・淡路大震災（インターネット等が情報発信に威力を発揮。災害時における重要性が認識された）
	1996（平成7）年	高度情報通信社会推進に向けた基本方針		
	1998（平成10）年			【米】Google設立
	1999（平成11）年	NTTドコモ、i-modeサービス開始（携帯電話でのインターネット接続）	掲示板群「2ちゃんねる」開設	【韓】「サイバーコリア計画」
	2000（平成12）年	・九州・沖縄サミット ・高度情報通信ネットワーク社会形成基本法（IT基本法）成立	2000年問題が話題に	【日】中央省庁再編 【欧】「eEurope2002」
IT基本法制定後（e-Japan戦略）	2001（平成13）年	・IT戦略本部の設置 ・e-Japan戦略	・Yahoo!BB ADSLサービス開始 ・NTTドコモ、3Gサービス開始	
	2002（平成14）年	特定電気通信役務提供者の損害賠償責任の制限及び発信者情報の開示に関する法律施行		
	2003（平成15）年	e-Japan戦略II		
	2004（平成16）年	u-Japan政策（総務省）	SNSサービス「mixi」サービス開始	【米】Facebookサービス開始
	2005（平成17）年	NISC設置	ライブドア、ニッポン放送株を大量取得	YouTubeサービス開始

	年	情報施策の動向	国内技術・経済動向	その他
IT基本法制定後（変化期）	2006（平成18）年	IT新改革戦略	ニコニコ動画サービス開始	Twitterサービス開始【韓】「u-Korea戦略」
	2007（平成19）年		携帯電話・PHS 1億契約超	Apple、iPhoneを発表
	2008（平成20）年		・ソフトバンク社でiPhone3G発売・Facebook日本語版公開	リーマン・ショック
	2009（平成21）年	i-Japan戦略2015	Android搭載スマートフォン発売	【日】民主党を中心とする政権発足
	2010（平成22）年	新たな情報通信技術戦略（新IT戦略）	・SNSサービス「mixi」会員が2000万人突破・NTTドコモ、LTEサービス開始	
	2011（平成23）年	地上デジタル放送への移行	携帯電話出荷台数に占めるスマートフォンの割合が50％超	【日】東日本大震災（被災情報の発信にSNS等が活用されるなどの重要性が認識された）【日】衆議院、参議院等にサイバー攻撃
	2012（平成24）年			
IT基本法制定後（IT国家戦略期）	2013（平成25）年	・マイナンバー関連法、政府CIO法（内閣法等の一部を改正する法律）成立・世界最先端IT国家創造宣言	インターネット利用者数1億人超	2020年東京オリンピック・パラリンピック開催決定
	2014（平成26）年	サイバーセキュリティ基本法成立		LINE利用者世界で5億人突破
	2015（平成27）年	改正個人情報保護法成立		
	2016（平成28）年	官民データ活用推進基本法成立		【中】Tik Tokサービス開始
	2017（平成29）年	オープンデータ基本指針		AI（人工知能）への注目
	2018（平成30）年			Tik Tok世界中で利用可に
	2019（平成31）年		RPA（ロボティック・プロセス・オートメーション）導入補助事業（総務省）	
DX期	2020（令和2）年	成長戦略実行計画自治体デジタル・トランスフォーメーション（DX）推進計画（総務省）		【日】特別定額給付金などの支給事務の遅延などが批判される
	2021（令和3）年	デジタル社会形成基本法などのデジタル改革関連法が成立	デジタル庁発足（「誰一人取り残されない、人に優しいデジタル化を」）	【米】Facebookが社名をMeta Platformsに変更、メタバース（3次元仮想空間）への注目
	2022（令和4）年	デジタル社会の実現に向けた重点計画		

出典：情報通信をめぐる諸課題（科学技術に関する調査プロジェクト2014）日本における情報政策の展開―IT基本法以降の政府IT戦略を中心に―国立国会図書館　神足　祐太郎、情報通信白書（総務省）等各種資料に基づき筆者作成

Ⅱ 国のIT政策を知ろう

　情シスの事業計画、自治体の情報政策を検討するうえでは、過去と現在の国の IT 政策とその動向を理解することはとても重要ですので、まずはデジタル庁のホームページを定期的に見る習慣をつけましょう。デジタル庁のホームページは他の省庁のホームページより見やすいつくりになっており、読みやすいと思います。

　ただ、読みやすいといっても、最初は情報量が膨大で知らない言葉も多いと感じるかもしれません。そんなときは、職場の詳しい人に聞いてみましょう。簡単な言葉にかみ砕いて説明してもらったり、内容について話し合いながらお互いの理解を深めていったりすることができます。また、第 1 章でも述べたとおり、デジタル庁が運営している自治体職員×政府機関職員「デジタル改革共創プラットフォーム」で自治体職員と政府・官公庁職員が直接対話できる環境も用意されていますので、ぜひ登録して覗いてみてください。

 デジタル庁
URL https://www.digital.go.jp

 デジタル庁
「（自治体向け）デジタル改革共創プラットフォーム」
URL https://www.digital.go.jp/get-involved/co-creation-platform/

国の IT 政策は多数ありますが、代表的なものを以下に紹介します。一度目を通して、概要を把握しておきましょう。

 デジタル庁「デジタル田園都市国家構想」

URL https://www.digital.go.jp/policies/digital_garden_city_nation/

「心ゆたかな暮らし」（Well-Being）と「持続可能な環境・社会・経済」（Sustainability）を実現していく構想です。

 デジタル庁「デジタル社会の実現に向けた重点計画」

URL https://www.digital.go.jp/policies/priority-policy-program/

目指すべきデジタル社会の実現に向けて、政府が迅速かつ重点的に実施すべき施策を明記し、各府省庁が構造改革や個別の施策に取り組み、それを世界に発信・提言する際の羅針盤となるものです。

 デジタル庁「マイナンバー（個人番号）制度」

URL https://www.digital.go.jp/policies/mynumber/

行政手続等における特定の個人を識別するための制度です。行政機関の情報連携により、各種の行政手続における添付書類の省略などが可能となります。また、マイナンバーカードは民間サービスでの本人確認等にも利用できます。そして、マイナンバーカードはデジタル時代のパスポートと称され、今まで自治体などの窓口に出向かなければできなかった手続きが、マイナンバーカードを持っていればオンラインできるようになるため、マイナンバーカードを多くの住民に取得してほしいと全国の自治体で普及活動を行っています。

参照

デジタル庁
「地方公共団体の基幹業務システムの統一・標準化」

URL https://www.digital.go.jp/policies/local_governments/

地方公共団体が、基幹業務システムについて、政府が調達するガバメントクラウド上に構築された標準化基準を満たすアプリケーションの中から自らに適したものを効率的かつ効果的に選択することが可能となる環境を整備する取り組みです。

III 所属の政策を知ろう

　皆さんが所属する自治体では、基本的な方針や目指す姿が書かれた総合計画等が存在していると思います。まずは、その総合計画を読んでみましょう。全体的に大まかなことが書かれていますが、自分の自治体がどんな方針でどのように変わっていこうとしているのかを読み取れるはずです。

　そして、その中に直接 IT やデジタルに関係する事柄や、間接的に関わりのある事柄、一見、全然関係がないように見えてもデジタル技術を活用できそうな事柄が書かれていると思います。探してみましょう。

　情シスに配属される前から総合計画等を読み込んでいたとしても、情シス職員として何ができるのかを考えながら読み直してみると、今までと違った視点から新たな発見があるかもしれません。

　最近は IT やデジタルに関する計画を独立して作成する自治体が増えてきました。所属する自治体に「デジタル化推進計画」というようなものがあれば、この計画も読んでみましょう。総合計画もデジタル化推進計画もたいていホームページで公開されています。

　計画等を読んでいるとわからない言葉が必ず出てきます。その言葉をわからないままにせず、逐一調べましょう。ウェブ検索をすれば、大抵の言葉の説明を調べられます。ウェブ検索をしてもわからない場合は、職場の先輩や上司に、「この計画の内容を詳しく聞きたい」と尋ねてみるのもいいでしょう。

　また、業務部門の情シス担当であれば、上位の計画以外にも所属する業務、事業の計画に目を通しておいてください。上位計画との整合や IT、

デジタルとの関連性のチェックはもちろん、今後の情シス業務計画に織り込むべき計画や、反対に、事業計画にデジタルの視点が抜けていることなどの発見もあるものです。部署内での自分の業務のみに専念するだけでなく、広く動向を察知して先を読む視点は欠かせません。

●自治体の策定した計画の例

 東京都大田区「大田区情報化推進計画」
URL https://www.city.ota.tokyo.jp/kuseijoho/ota_plan/sougou_keikaku/
joho-plan.html

 埼玉県深谷市「デジタル化に関する計画等」
URL http://www.city.fukaya.saitama.jp/shisei/keikakushisakuchosa/
johotusin/1652333408019.html

 愛媛県西予市「第2次西予市総合計画」
URL https://www.city.seiyo.ehime.jp/kakuka/seisaku_kikaku/
seisakusuishin/sougoukeikaku/8238.html

 鹿児島県肝付町「肝付町情報化基本計画」
URL https://kimotsuki-town.jp/soshiki/dezitaru/4/3876.html

Ⅳ IT政策を作るにあたり

　IT政策を実際に作るためには、多くの知識経験が必要です。そのため、情シスに配属されたばかりの皆さんがすぐに担当になるケースは少ないでしょう。それでも、IT政策を作らなければならない状況になった場合は、ITの最終ユーザである住民の幸福度の向上に貢献するものを目指すのは当たり前として、目の前のユーザである職員が働きやすい環境をIT技術を使って実現できるような政策を念頭に置いて考えてみてください。

　なぜ、このような視点で考えるのかというと、行政サービスを提供する職員が気持ちよく働ける環境が整備されれば、サービス提供側の職員に余裕が生まれ、きめ細やかなサービスを住民に対して提供できるからです。

　そして、政策を作るときには、住民だけでなく職員も必ず含め、なるべく多くの関係者の意見をヒアリングして取り入れましょう。IT技術を活用してより少ない職員人数でもサービスレベルを落とさず継続していくこと、効率的・効果的な行政サービスを実現することが、これからの行政サービスの目標です。

●IT政策を作るうえでのひとことポイント

- 初心者のうちはがんばって計画を作る必要はない
- やりたいことリスト（IT戦略）を作ってみよう！（異動したとしても実現させたいことを考えよう）
- 目的をはっきりさせよう！（何のための誰のためのIT政策か）
- システム導入や技術にこだわらない。あえて時流を外す勇気も必要
- 毎年変更できる計画を作ってみよう！（アクションプラン）
- 都道府県単位や複数の自治体で共同してIT施策を考えるのも有効(共同調達、共同DX)
- 現行の取引先にこだわらず、スタートアップ企業など新規の外部ともすすんで協働する

COLUMN 「日本語で話せ！」

　情シスに長く在籍していると、日本語で話しているつもりでも専門用語を多く使いがちになります。実務をやっていれば自然に覚えられる言葉ですが、業務のマネジメントをしている管理職などからすると、言葉をインプットするだけで終わり、なかなか覚えられないそうです。マネジメント層に対して説明するときは、専門用語をなるべく丁寧に事例なども含めて説明できるように意識しましょう。

　配属されたばかりのときに、自分が難しいと感じた言葉を自分なりに解説と共にメモしておくと、後々どんなふうに説明したら理解してもらえるかのヒントになると思います。そのメモを読み返したとき、わからなかったときの気持ちに戻ることもできるので、ぜひメモして残しておいてください。

　あ、もちろん、原課などに話すときも同様にやさしく、わかりやすく相手の立場に立って話しましょう。上から目線や「オレ（ワタシ）は知ってるぜ」などという態度は、絶対やってはいけません。

3

第3章

【シゴト2】
システムの運用・保守

Ⅰ　どんなシステムがあるのだろう

　皆さんが配属された情シスにはどんなシステムがありますか？

　「そもそも、システムって何？　エクセルは使えるけれど……あっ、そうだ！　あのエクセルに時々付いている「マクロ」っていうやつかな」、そう思った方もいらっしゃるかもしれません。

　そのマクロも広い意味ではシステムの１つです。

　システムのことを本章では「情報システム」と呼びますが、コンピューターや他の電子機器、ソフトウェア、通信ネットワーク、データベース等さまざまな要素を組み合わせて、全体で何かの機能を持つものと定義しています。

　それでは、自治体の情シスの業務を整理していきましょう。

　周囲を見回してみてください。真っ先に目に入るのは「パソコン」だと思います。パソコンの電源ボタンを押すと、パソコンメーカーのロゴ画面が表示され、その後ログイン画面が出てきて、ユーザーIDとパスワードを求められます。入力すると出てくるのが、業務に使用するフォルダなどが表示されたデスクトップ画面です。グループウェアや業務画面が自動的に起動し、仕事の準備完了。

　ここまでの流れを見て、「パソコンが自動的にやってくれるんだ〜!!」と思ったあなた。

　違います。ここまでのパソコンの設定を、情シスのあなたがやらなければいけないかもしれません。市販のパソコンをあなたの職場の環境に

合わせてセットアップする設定作業を「キッティング」と呼びます。

　まずは、このキッティングの作業を例にシステムの運用保守をみてみましょう。なお、「はじめに」で説明したとおり、本書は初心者向けの本です。専門用語や技術的な説明について、初心者が平易にわかりやすくイメージできるよう、かなり簡略化しています（精通しているベテランの方、どうぞご理解ください）。

1　パソコンを使えるようにしよう

（1）設定をする

　まず、パソコンを動かすための設定を行います。パソコンの親機（「マスタ」、「マスタ機」と呼びます）を作り、その親機のハードディスクなどの記録媒体から「イメージ」と呼ばれるパソコンを動かす雛型となるデータを取り出し、ライセンスに注意を払いながらイメージングツールを使用して同じ設定のパソコンを量産していきます。ただ、この作業は自治体によっては、パソコンの発注時や修理時に事業者に外注するケースもあるかもしれません。

（2）ログインするための準備をする

　次に、皆さんがパソコンにログインするための準備を行います。「この部署のパソコンだよ」ということを確認（認証）するパソコン固有の番号である MAC アドレスを登録して認証する仕組みを作ったり、ネットワークにつなげるようにしたりする設定を行います。最近導入が進んでいる無線 LAN の接続では、DHCP サーバーの設定なども含まれます。DHCP サーバーは、パソコンが起動するたびに、そのパソコンのネットワーク上での住所（IP アドレスといいます）を割り当てるサーバーのことです。

（3）ドメインの設定をする

　ドメインという概念があります。これは大切な言葉なので覚えておいてください。ドメインは皆さんがパソコンを使うときに参加するグループのようなものです。

　そのドメインに皆さんのパソコンを参加させます。AAA ドメインのBBB（パソコンのコンピューター名）さん、というイメージです。

　そして、ドメインにログインするわけですが、そのためにはあらかじめ ID とパスワードを登録する必要があります。そのときは、アクティブディレクトリ（Active Directory、通称 AD）にネットワーク内にユーザーの ID とパスワードを登録します。

　AD の機能はたくさんあるため省略しますが、皆さんのパソコンのデスクトップにどんなフォルダやアイコンを表示させるか、パソコンが立ち上がったときにどのネットワークに自動的に接続しておくか、ということも登録しておくことができます。これは「ポリシー」といい、AD の機能の１つです。

　と、ここまで、まず一番身近で目に見える情報システムである「パソコン」が使えるまでの情シスの皆さんの仕事を、ざっくりと挙げてみました。

　ホントはもっと細々といろいろやることはありますが、紙幅の都合上、ここまでとします。自治体の環境によって作業内容が異なりますので、じっくりと学んでいってください。

（4）緊急対応に備える

　ある日、問題が発生しました！

　「人事異動で職員が 10 人増えました。至急、パソコンを用意して来週

までに使えるようにしてね！」と鬼のような無茶ぶりの連絡が人事部門から届きました。私たち情シスの人間が、慌てず、さらりとこの無茶な依頼をこなすにはどうすればよいでしょうか。

こういった事態に対処するべく、皆さんのところでは事前にさまざまな対策を打っているのではありませんか？　日頃の備えがものをいう対策内容の一例を見ていきましょう。

① PC 台帳（資産管理台帳）を作る

自分の組織で、どのような機種のパソコンがどの部署に何台配置されているかを把握しています。そのパソコンの OS は何で、どこの誰が使っていて、ホスト名と IP アドレス、つないでいるプリンタ、インストールしているソフトウェア、リース中であればあと何年リースが残っているかを把握しているはずです。これらの情報をまとめたものを PC 台帳（資産管理台帳）と呼びます。

エクセルで作成するところもあれば、最近は資産管理ソフトを使用して管理しているところもあるかと思います。この資産管理台帳があれ

COLUMN 「情シス」に必要なこと

庁内の基幹系 PC の入れ替え作業を部下に指示したときのことです。作業を手順書に落とさせたのですが、最後の行に書かれた言葉にハッとしました。

「持参物　"思いやり"」

情シスは、ともすれば独りよがりになり自分のペースで仕事を進めがちです。特に一人情シスに近い組織にいるとなおさらです。情シスの仕事の真髄は、自分の技術にあぐらをかかず、ユーザー（職員）が幸せに仕事ができる環境を整えることだと思います。そして、そのユーザーの先には、お客様（住民）がいます。常に「思いやり」の心を持ち、情報システムを通して皆が幸せになれるように、私たちは心がけたいものです。

ば、余剰パソコンの数もすぐに把握できますし、新規にキッティングしなければいけないパソコンの台数の把握をはじめ、その後の設定作業がスムーズにこなせます。もちろん、紛失対策などにも有効ですが、定期的な棚卸しを行って台帳を常に最新のものにしておくことが必要ですので、資産の棚卸しをお忘れなく。

②マニュアルを作る

　前述したパソコンが動くようになるまでの作業（キッティング）の手順は、きちんとマニュアル化してあると思います。マニュアルがあることで、急にパソコンが必要になっても、仮に1人しかいない情シスのパソコン担当が突然休みになっても、どうにか対応することができます。特に小規模自治体で情シスに1人しか人員が配置されないような職場（「ひとり情シス」といいます）では、暗黙知の継承を図るためにもキッティングに限らずあらゆる作業や業務のマニュアルを作成しておくことをおすすめします。

　ただし、ベテランになればなるほど業務の比重が増してマニュアル作成に時間が割けなくなるのはどこの職場でも同じです。経験が浅いうちに、業務を覚えがてらマニュアルを作成するのがチャンスといえそうですね。

2　ソフトウェアを入れよう

　パソコンの中にはいろいろなソフトウェアが入っています。

　ソフトウェアはOS（Operating System、オペレーティングシステム）といわれるパソコンを動かす基本ソフトウェア（たとえばWindows11）とそのOSの上で動くソフトウェア（アプリケーション）の2種類に大別されます。

（1）基本ソフトウェア

　OS は定期的に機能がアップデートされます。マイクロソフト社の OS であれば、Windows アップデートといって、定期的に修正ファイル（修正プログラム）が提供されます。このことを「修正パッチが当たる」などといいます。実際の作業の流れを説明すると、WSUS（Windows Server Update Services）が導入されていれば、WSUS を使って職員のパソコンに修正パッチを当てていきます。WSUS がない場合は情報資産管理システムなどを使って個別に配信する、アップデートプログラムを 1 台ずつ配って適用するといった方法があります。個別の業務システムなどによっても異なりますので、確認してみましょう。

（2）OS の上で動くソフトウェア

　次は OS 上で動くソフトウェアです。

　皆さんがよく使うのは、マイクロソフトのワードやエクセルといったところでしょうか。それ以外にも職員同士で情報共有を行うソフトウェア「グループウェア」や、窓口業務の職員であれば住民記録システムなど、自治体の基幹系システムといわれるソフトウェアも含まれます。

　ソフトウェアも OS と同じく、修正プログラムが必要な場合があります。いずれの修正も、前述のキッティングの親機に適用しておき、適切に管理しておかなければなりません。

　覚えておいていただきたいのは、ソフトウェアには「有償」と「無償」のものがある、ということです。

（3）ソフトウェアを扱ううえでの注意事項
①有償か無償か

　有償のものは、たとえばマイクロソフトのオフィス製品などで、ユーザー人数に応じて使用金額が請求される（ユーザーライセンス）仕組み

や使用するパソコンなどの端末単位で請求されるもの（デバイスライセンス）などがあります。

　一方で、無償のものはフリーソフトウェアと呼ばれるものです。アドビ社の PDF 閲覧ソフトのように有名メーカーが提供しているケースもあれば、一般のエンジニアの方が無償で提供しているケースもあります。ただし、ソフトウェアによっては、個人が使用する場合には無料でも、法人や業務で使用する場合は有償の場合がある点には注意が必要です。

②ソフトウェアの資産管理台帳を作る

　ソフトウェアの資産管理台帳を作ることも大切です。どのソフトウェアを、いつ、どんなバージョンを、何ライセンス分導入したのか、ライセンス番号（ライセンス証書）はどこにあるか。ライセンスの期限はいつまでか。次のアップデート時期はいつなのか。このような事項をソフトウェアごとにまとめておきましょう。ソフトウェア資産管理台帳は資産管理ソフトなどでも整備可能です。

　特に近年はライセンス管理が厳しく、登録しているライセンス分以上のソフトウェアのインストールや利用を行うと、それが過失であっても厳しいペナルティが課されますので注意が必要です。先の事態の例のように、急にライセンスが必要になり、ライセンス数が足りているのか不足しているのか即座に確認することが求められる場合にも台帳の存在は必須です。

　フリーソフトウェアは、予算を気にせず使用できるのが強みですが、有償のソフトウェアとの互換性に問題がある場合があります。また、有償ソフトウェアと異なり、OS が変更された際のソフトウェアのバージョンアップのアナウンスなどのサポートはないものであると心づもりをしておきましょう。情シスの責任のもと、資産管理台帳で管理を行い、必要に応じて最新のバージョンを探してアップデートします。

③ソフトウェアのインストールは慎重に

よく、庁内から「こんなソフトウェアをインストールしてほしい」とリクエストが入ることがありますが、基本的に、情シス部門が最初にインストールしていたソフトウェア以外のソフトウェアをインストールすることは慎重になるべきです。特にフリーソフトウェアの中には、OSの正常な動きを妨げる可能性があるものもあります。車にたとえると、純正の部品ではなく互換性のない部品をつけてしまって、結果として車本体の部品が壊れてしまうことになりかねません。

一方で、スマートフォンのOSであるAndroidなどフリーソフトウェアの一部は、昨今ではオープンソースソフトウェア（Open Source Software）といわれる無料公開ソフトとして一定の地位を得ています。フリーソフトウェアと同様に、使い方を誤らずにメリットとデメリットをよく理解すれば、非常に有効なツールになるのも事実です。

最近では、このようなフリーのソフトやオフィス製などでの定額制（サブスクリプション）の台頭など、ソフトウェアの導入や運用保守管理には難しさが増してきています。

3　ネットワーク

（1）ネットワークとは

ここからは、パソコン自体の話から離れて、その裏に広がる「ネットワーク」についてお話ししましょう。

ネットワークは、パソコンとインターネット、パソコンとサーバー（業務の処理をする機械）を結ぶ道路のようなものです。道路には高速道路と一般道、一車線や二車線などいろいろな規格がありますが、ITの世界でも同様でネットワークにもいろいろな規格があります。

まず、道路の形状と大きさに相当する話から。

ネットワークの形状は、「有線 LAN」と「無線 LAN」があります。文字どおりケーブルでつないで通信をするものと、無線で通信をするものです。有線 LAN でも情報の通信量によって規格は変わります。最近よく使われている LAN ケーブルの規格は、カテゴリ 5e の 1Gbps（ギガビーピーエス）あたりでしょうか。bps とはそのケーブルの中を通るデータ量（最大伝送速度）を指しますが、この数字が大きければ大きいほどたくさんの情報を流すことができます。道路にたとえると、数字が大きい値は、複数車線で一度にたくさんの車が通せる高速道路です。でも、高速道路でも渋滞すればなかなか前に進まずスピードが落ちますよね。インターネット接続時や庁内のシステムの処理中に「処理遅っ!!」と感じる場合は、このようなネットワークの渋滞が起こっている可能性があります（原因はほかにもあります）。

なお現在は、セキュリティ規格の強化もあり、新庁舎建設時などに新たに LAN を敷設する際は、配線の取り回しの楽な無線 LAN を採用するケースが主流になりつつあります。

（2）どうやってネットワークはつながるのか

続いて、ネットワークがインターネットにつながる仕組みを簡単に説明します。

パソコンから有線 LAN でインターネットにつなげると仮定します。

まず、パソコンから伸びたケーブルは、「ハブ」と呼ばれる複数のケーブルを集める機器につながります。パソコンは、家の住所のように「○○番地」というパソコンにつけられたアドレスを持っていて、ネットワークを通り抜ける際はこのアドレスを使っています。これを「IP アドレス」といいます。また、パソコン個々が持っている MAC アドレスというネットワーク上の ID（識別子）も使います。ハブの先には、「スイッチ（L2・L3 スイッチ）」という「ネットワークの交通整理員さん」が待ち構えて

います。スイッチでは、「この IP アドレスと MAC アドレスは通しても
いいけれど、このアドレスは通してはいけない」といった「データの行
き先を振り分けてくれるプログラム」が書かれています。

さて、無事スイッチを通り抜けたら、ポートというインターネットに
接続するための専用ドアを通って、庁内ネットワークの一番外にある関
所（プロキシサーバーやファイヤーウォールと呼ばれる機器）を通って、
無事インターネットに接続します。この仕組みは、いろいろな技術的要
素が絡みますので本書では説明を割愛しますが、ここではネットワーク
の規格、IP アドレスや MAC アドレス、スイッチなどのネットワーク機器、
ポートなどといった用語をざっくりとつかんでおいてください。仕事に
慣れてくるとそれらの言葉が 1 つの線のように知識となってつながって
いきます。

（3）ネットワーク構成図を作っておこう

自治体には、庁内にインターネットにつながるためのネットワークや、
窓口業務システムにつながるためのネットワーク、危機管理システム
につながるためのネットワーク、LGWAN（Local WideArea Network、
総合行政ネットワーク：自治体間をつなぐ専用ネットワークのこと）に
つながるネットワークなどさまざまなネットワークがあるはずです。そ
してそれらのネットワークは、スイッチやルーターと呼ばれるネット
ワーク機器のあらかじめ設定された場所にケーブルでつながっていま
す。ネットワーク構成図は、ネットワーク（ケーブル）がどのネットワー
ク機器につながっているかを示した図のことです。このネットワーク構
成図は実際の機器の配置や配線を記した物理的なネットワーク構成図と、
機器の役割やデータの流れなどを主眼に置いた論理的なネットワーク構
成図があります。物理的や論理的という言葉は、今の段階では言葉だけ
覚えていただいて、内容はこれから勉強していってくださいね。

4　サーバー

　サーバーは、皆さんがリクエストした処理を行うプログラムを処理したり、パソコンに格納しきれないファイルやデータを格納したりするコンピューターのことです。

　たとえば、インターネットである言葉を検索するとします。その検索リクエストを処理する役割がサーバーで、検索した答えを皆さんのパソコン画面に返してくれます。住民記録システムといった基幹系システムも同様です。転入してきた住民の情報をパソコンの画面から入力すると、それを住民記録のデータベースに登録して、登録した結果を皆さんのパソコン画面に返してくれるのもサーバーの仕事です。

　サーバーには、処理する機能によってさまざまな種類があります。

- ・メールサーバー
- ・AP（アプリケーション：Application）サーバー
- ・データベース（DB）サーバー
- ・ファイルサーバー
- ・プロキシサーバー

　まだまだこれらのサーバーの機能を知るには難しいかもしれませんが、日々の業務の中ではちょくちょく出てきますので、これも調べておいてくださいね。

5　クラウド

（1）クラウドの登場の背景

　ここ数年、「クラウド（クラウドコンピューティング）」という言葉をよく耳にするようになりました。クラウドとはインターネットなどのネットワーク経由でユーザーにサービスを必要なときに必要な分だけ提供する利用形態のことです。

これまでは何かの業務をシステムで構築する場合は、皆さんの自治体でサーバーを調達し、庁舎内のサーバールームやデータセンターにサーバーを搬入設置（サーバールーム設置をオンプレミス型、データセンター設置をホスティング型ともいいます）してサーバーに諸々の設定を行い、その上にシステムを乗せて、皆さんの自治体専用のサーバーとして動かしていました。

　そのため、サーバーの導入経費は非常に高くつきます。後の章でお話ししますが、サーバーの運用や保守にも多大なお金がかかります。

（2）クラウド導入で考えるべき視点

①他の自治体との共同化

　そこで出てきた考え方が「クラウド」による共同利用です。ひらたくいってしまえば、ネットワーク上にあるサーバーを、皆さんの自治体だけではなく、隣の、そのまた隣の自治体と共同で利用しちゃいましょう、という考え方です。こうすることで、1台300万円していたサーバーが、3つの自治体で割り勘にすることで（単純計算ですが）100万円で済みますよね。運用や保守料も同様で割り勘で安くつきます。

　サーバーだけではありません。全国各地の自治体の基幹業務もクラウド化する動きも出てきました。主に同じベンダーを利用している自治体同士が協定を結んで、業務システムを共同利用する取り組みです。

②業務フローの見直し

　ただ、基幹業務システムをクラウド化して共同利用するということは、そのクラウド化するシステムが担う業務のすべての処理を同一システムのパッケージの仕様に合わせる必要があります。「うちはここにチェックが入った帳票がいる」「ここの画面に1つ選択肢が足りない」といった自治体独自のカスタマイズ（改造、改修）はできません。

前提として、各ベンダーの基幹業務システムは、ベンダーのシステムエンジニアが各法定事務を法令に基づいた要件定義により必要な処理を設計しているため、本来はこれ以上のカスタマイズは不要なはずです。しかし、長年のシステム運用の過程でさまざまな創意工夫がシステムのカスタマイズという形で積み重なってしまっているのです。

　それでもカスタマイズが必要であるというのであれば、「本当にそれが必要な処理なのか」の視点で業務フローを徹底的に検討したうえで、同一のパッケージを使う他の自治体とベンダーすべてを納得させ、パッケージを作り替えさせるか、それが無理なら自らの業務をシステムに合わせて見直しをする必要があります。

　つまり、基幹業務システムをクラウド化するということは、言い換えれば業務のBPR（Business Process Re-engineering、業務改革）を図ることでもあるのです。

③システム運用・保守の手法の見直し

　前章で紹介したとおり、地方公共団体情報システムの標準化に合わせてデジタル庁が整備するガバメントクラウドの基盤もクラウド環境です。クラウドサービスが進むことで、従来のサーバー、システムの運用や保守の手法も変わりつつあります。その点は後ほど説明します。

情報システムを運用する

1 見積書をチェックしよう

　ここからは、読者の皆さんにはややハードルが高く感じられるかもしれませんが、業務のコツを早くつかむ意味でも把握しておいてほしいこととして解説します。

　情シスに配属されて皆さんがまず戸惑うのは、情報システムの見積書の難解さではないでしょうか。

　たとえば、とある業務システムのシステム改修があったとします。見積書には、「システム改修一式　100万円　出精値引き20万円」などと書かれてはいませんか？

　「一式」とは、一体、何をするのでしょう。作業内容の内訳がまったくわからず、このままでは見積額が妥当かどうかの判断をすることができません。

　このようなパッケージのシステム改修に限らず、システム構築作業委託の見積書には、必ず、①作業内容、②SE単価、③作業にかかる工数を記載するよう、ベンダーの営業担当者に依頼してみましょう。

（例）

システム改修箇所確認	50,000 円	4人／日	200,000 円
システム改修費用	50,000 円	8人／日	400,000 円
テスト費用	50,000 円	4人／日	200,000 円
現地導入費用	50,000 円	4人／日	200,000 円
合　　計			1,000,000 円

費用積算の粒度（細かさ）はともかくとして、本来は最低でもこのような見積書が出てくるはずです（作業単価は記載例）。しかし、先ほどの一式見積では出精値引きをすること自体がおかしい、ということに気が付くと思います。

　仮に、この作業内訳がなかったとしたら、契約上どういうことが起こり得るでしょうか。

　たとえば「システム改修一式」の見積書で、システム改修委託契約を締結したとします。契約書の別紙には、もちろん改修内容の内訳が書かれていません。そうなると、一般的なシステム改修作業の工程で発生する作業が確実に行われているか、検収ができなくなってしまいます。さらに、もし本番稼働後に、ベンダー側の作業工程上のミスや漏れにより致命的な障害が発生したら、損害賠償や契約不履行による契約金額の減額の申し出や算出といったことができなくなってしまうのです。

2　契約書をチェックしよう

　ところで、情報システムにかかる契約書、保守委託契約書や開発業務の請負契約書には、皆さんはどんな契約書を使っていますか？　ベンダーが提出してきた契約書にそのままハンコを押していませんか？

　契約上において官民は平等です。それゆえに契約書の記述は後々の紛争を回避するための必須アイテムであることを忘れてはいけません。

　しかし、相手はシステム契約のプロです。自治体（発注者）側の代表者として、必要な最低限のチェックはできるようにしておきましょう。

　たとえば、損害金の事項の省略、第三者委託の許可、成果物の著作権、紛争が生じた場合の管轄裁判所の場所など、後々トラブルになった場合の条件は欠かさず確認しておきましょう。

　契約法務部門があれば相談して、ベンダーと自治体のお互いが納得できる契約書を作成してください。特に、第三者委託（再委託）許可条件、

システムを使用して作成されたデータの著作権の取得などは、しっかり と明示することが必要かと思います。

　また、契約書には、「別紙」として、作業内容、数量、保守契約であ れば保守の対応時間、対応内容を明記した仕様書をつけるようにしてく ださい。特に、最近はクラウドベースのシステム保守契約が多くなって きました。クラウドベースのため、時には思わぬシステム障害などでサー ビスが停止する可能性があります。その場合を想定して、「SLA（Service Level Agreement）」と呼ばれる、最低限これだけの品質のサービス水 準を提供することを確約してもらい、また、水準に達しなかった場合に はペナルティを課すことを確約してもらう契約を行います（住民サービ スを行うシステムが長時間停止したら大変ですからね）。しかし、自治 体の会計規則等との兼ね合いかもしれませんが、実際は、規定されたサー ビスレベルに達しなくても違約金や減額などの金銭的ペナルティを課す ケースはあまり見聞きしません。このような対応が難しい場合でも、詳 細な改善計画や事故報告書の提出を求めることでサービス事業者の品質 向上につなげることにもできます。SLAはその締結だけで済ますことな く、SLM（Service Level Management）を継続的に行うことが重要です。 皆さんの職場でSLAが締結されている契約がある場合は、そのマネジ メントが具体的にどのように行われ、管理されているかを確認してみま しょう。

　また、SLAだけでなく、他の情報システムの契約書全般に言えること ですが、皆さんのシステムを「このように稼働させたい」という条件を 必ず明文化させて契約を行い、その契約が遵守されているか必ず確認を 行うことがとても重要です。

3　システムの見積書をチェックしよう

　中小自治体で多いのが、パッケージシステムをベンダーの代理店が扱

い、パソコン本体とパッケージシステムの使用料と保守料を抱き合わせで販売している以下のようなケースです。

　使用料は「○○パック」という名前が付けられていて、ライセンス使用料と保守料が一体化されています。見積書にも契約書にも保守条件の詳細は書かれておらず、代理店に内容を確認しても「代理店なので詳細は不明」と返されることがあることから、しかたなく内容がわからずに予算費目で備品購入費に計上して契約をしようとすることが多いようです。

　このような場合の情シスの動きとして、パソコンは備品、ライセンスは使用料とし、保守などの作業を請け負わせる部分は委託料、といったように契約の内容に応じて科目を分ける、または契約部門にそのようなアドバイスをしてあげてください（といっても、パソコンやプリンターなどの機器類には、○○年間保守パッケージといったものが販売されている場合もあります）。

　また、まれに、クライアントがPC 2台しかなく、取り扱うデータベースも画像や特殊なデータでもないごくシンプルなシステム構成にもかかわらず、必要以上に高機能で高価なサーバーを配置する見積書も散見されます。このような場合も、適正なシステム構成なのか、情シスが率先してチェックをしてください。

　すでに導入している基幹系パッケージシステムの改修の費用チェックも同様に精査が必要です。

　基幹系システムで、法改正で一斉に同じ機能を追加することになったと仮定します。想定される工程は、法令の読み込み、改修箇所と影響範囲の特定、改修箇所の設計、プログラム、単体テストと統合テスト、現場導入テスト、といったところでしょうか※。たとえばそのパッケージ

※テストの名称はベンダーによって異なります。テストの内容、何をどこまで検証するか、役割分担、テスト結果の合否判断の基準、誰がいつ判断するかなどをテストまでに明確にしておきましょう。

システムを 10 団体が利用しているなら、その費用は 10 団体に按分されるのが通常です。しかし見積書を見てみると、トータルで 30 人日の工数が算出されていて、近隣の自治体にもまったく同じ見積もりが届いているようです。ということは、その改修に 300 人日かかっている計算となりますが、確認してみると発注から納品は 10 日ほどで、かつ、システムベンダーには、改修対象システムの SE は 30 人もいない、というケースがあります。システム業界の技術者単価はグレーのうえ、適正な見積もりかどうかなど、パッケージシステムの各種設計書の中身が開示されていない状態では判断できません。

しかし、ここでその見積書をそのまま受け取ってしまうのではなく、必ず営業に説明を求めてください。適正な価格を求めるために、ここでは値引き交渉ではなく「情シスとして、見積もりの根拠をチェックしているんだ」という姿勢を見せるのが目的です。

ベンダーの営業との付き合いは馴れ合いではいけません。ビジネスライクに聞くことは聞く。それに対してベンダーからは誠実な回答を得られるような、緊張感のある関係づくりを心がけてください。そうでないと、自治体にありがちな「ベンダーの言いなり」状態になってしまいます。

自治体規模によって異なるかもしれませんが、筆者の自治体では予算要求時に、システム導入絡み（保守含む）の見積書はすべて情シスでチェックする体制を採用しています。先に挙げた「一式」や、社会通念上ありえない見積もりとなっていないかを確認し、場合によっては、情シスがシステム事業者と直接話をして、見積もり内容の修正を依頼しています。このチェックを受けなければ、財政部門も予算を認めません。またシステム絡みの契約書も、契約法務部門の協力のもと、自治体に不利にならない適正な記述や作業内容の詳細を提出してもらうことを徹底しています。

このような取り組みは、経費の削減やトラブル防止対策としてはも

ちろん、庁内にどんな情報システムが存在しているかを把握できるため、システムの効率的な導入や、システム台帳の整備にもつながります。

　実例として、事業部門が異なるベンダーの地図情報システム（GISシステム）をそれぞれで導入しようとしていたケースがありました。情シスが事前に見積書を確認することで、固定資産、行政財産台帳、上下水道、津波浸水区域、地滑りハザードマップ、市道、地籍、公共施設マネジメント、住宅地図などの情報を1つのクラウドベースの地図情報システムにまとめることができました。

4　業務形態

　次に、業務契約形態の話をします。IT業務契約形態には大きく分けて以下の2つがあります。

・請負契約

・（準）委任契約

契約書を交わす際にはこの2つの契約形態に注意してください。

●請負契約

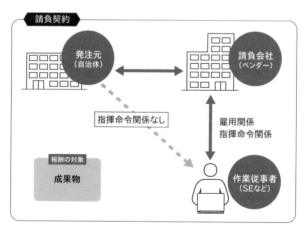

民法第632条において「当事者の一方がある仕事を完成することを約し、相手方がその仕事の結果に対してその報酬を支払うことを約することによって、その効力を生ずる」ものです。平たくいえば、委託した仕事の成果物がきちんと提出される、ということです。

● （準）委任契約

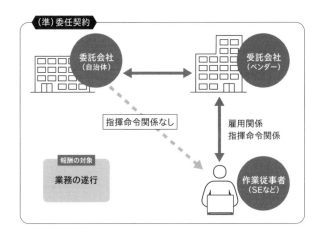

民法第643条において「発注者がシステム開発行為を行うことを受注者に委託し、受注者がそれを受諾することにより成立する」ものです。こちらも平たくいえば、契約で合意した技術者を使って開発はするけれど、成果物の提出は約束しないよ、というものです（準委任の規定は第656条です※）。

※ （準）委任契約でも、成果完成型の契約とした場合は、完成した可分な部分の給付によって注文者が利益を受けるときは当該利益の割合に応じた部分報酬を受けるとされていること（634条、648条の2第2項）から、一律に（準）委任契約に成果物の完成責任がないとはいえません。契約については民法の勉強も必要ですが、IT契約関連は2017年に大きく法改正公布されているため、調べる際には時点に注意してください。

このように似たような契約でも、成果物の保証がされるされないが大きく違うため、注意が必要です。またこの請負契約において気をつけておかなければならないのは、請負契約でも（準）委任契約でも、発注者側は受注者側のメンバーに直接、指示・命令はできないということです。要望は、受注者側の現場責任者（プロジェクトマネジャー）に伝えなければなりません。自治体に限らずIT業界ではよくある話ですが、自治体のサーバールームの前に請負契約締結した会社のSEが常駐していて、そのSEに対して、自分たちの開発作業などを直接指示していたりしませんか？　これは偽装請負といって違法行為にあたります。SEが常駐している場合は、部屋の一部を仕切るなどして請負業者の一室と見なされるような工夫も必要です。

　小規模自治体では、請負契約をしているSEが常駐していて細々したことをやってくれて助かっている、なんてケースもあるかもしれません。その場合は、偽装請負になっていないか契約内容や業務内容を今一度よく確認してください。

5　運用にあたっての注意点

　さて、ここまで契約のことを詳しくお話ししてきた理由は、これら契約の視点は、今からお話しする「運用」に大きく関わりがあるからです。このことを念頭に置いておいてください。

（1）システムの運用で「何を」するか

　システムの運用とは、①サーバーやネットワーク機器が安定稼働するためのシステム監視、②定期的なハードウェアの点検、③パソコンやサーバーなどのOSやファームウェア（機器を動かすためのソフトウェア）の確実なシステムアップデート、④夜間バッチ処理やバックアップスケジューラーの確実な実行、などなど盛りだくさんです。

自治体業務の幹をなす基幹系業務や、工事積算システム、図書館システムなど、皆さんの自治体にいろいろな種類のシステムが導入されているかと思います。

　このシステムが動くためには、大きく分けて、

- ・システムのプログラム
- ・システムを動かすためのサーバー
- ・ユーザーとシステムを結ぶためのネットワーク

の３つが安定して稼働していることが必要不可欠です。これらが安定して稼働していることで、各事業部門が滞りなく日々の業務を続けることができます。

（２）「誰が」システム運用する契約か

　次に、安定したシステム運用を「誰が」行うのかについて着目してみましょう。皆さんは、システムを導入した後に、ベンダーとどのような契約を行っていますか？

　「保守契約書」だったら締結しているよ、というケースが多いかもしれません。なお、後述する「保守」とこの「運用」は別の概念です。システム運用とは、システム導入の目的である業務を遂行するためにシステムを安定的に稼働させることであり、その稼働に支障を与える障害を未然に防止することにあります。しかしながら、ベンダーによっては、保守契約の中に運用業務の作業を入れ込んでいるケースも散見されるので注意が必要です。

　前述の請負契約の話の中で、SE が常駐しているケースを挙げました。その SE が、たとえばネットワークログを監視して月次レポートを提出してくれる、定期的にサーバーの OS アップデート作業をして安定稼働を確認する、スケジューリングされた夜間バッチやシステムバックアップが正常に稼働する、というのはシステムの運用となります。

しかし、そのような運用を担う常駐 SE やオペレーターがいない場合は、皆さんがシステムの運用を担います（実際には、システム事業者と自治体で運用作業を分担することが多いと思いますが、システムによって分担割合は大きく異なるようです）。その際は、そのシステムが納品された際にベンダーから納品される「成果物」を確認してください。

　①システム構成図
　②ネットワーク構成図
　③システム運用手順書

　この３つが納品されている場合は、それをもとに皆さんがシステムの運用を行います。もしそのような成果物がない場合は、ベンダーに確認してみてください。

　同様に、運用が保守契約の範囲内に入っているかも確認してください。保守の中にも含まれていない場合は、ベンダーと運用について契約を締結することになります。

　理想は、システム導入時の契約段階で成果物として「システム運用手順書」の提出を明文化することです。手順書によって運用としてやるべきこと、そして自治体とサービス事業者側での作業役割分担を明文化したうえで、トラブルが起こった場合を想定して、この後の章で述べる保守契約を締結することをおすすめします。

（3）クラウド型システムの運用

　クラウド上で稼働しているシステムの場合は、契約形態について運用はベンダーが行います。そのため、情シスが何かを行う、ということはほとんどありません。ただ、ネットワーク障害やサーバー障害が発生した場合の対処方法は、ベンダーの連絡先の把握も含めて確認をしておきましょう。特に、外資系のクラウドサービスは契約関係が非常に詳細

かつ複雑です。契約に際して不明なことはきちんとベンダーに確認しましょう。

（4）事業継続計画（BCP）の策定

　事業継続計画（BCP）とは、災害時や新型コロナウイルス感染症の拡大などのさまざまな事象・原因により、通常業務の継続が困難となった場合にどのように業務を継続していくかを定めた手順書です。皆さんの自治体でも必ず作成されているかと思います。今までは災害時だけのBCPの策定であったと思われますが、現在のコロナ禍においては、業務を継続させる手法として、いわゆるリモートワークの手法を書き足す必要があります。皆さんの自治体のBCPをこの視点で一度確認されてはいかがでしょうか。

COLUMN　運用手順書は誰のもの？

標準化をはじめとしたDXの推進に伴い、システムを利用して業務の仕組みを大きく変えようとするときによく耳にする問題が、「業務マニュアルはどうする？問題」です。

　現在の業務は、システムと密接につながっていますから、どこまでが「システム運用手順書」でどこからが「業務運用手順書」なのか、境界があいまいになっていますね。

　業務を押し付け合うことなく、うまくハンドリングして、いかに業務改革を進めていくか、このような地道なところから課題解決を図る情シスの手腕が問われているのかもしれません。

COLUMN 　情報システム開発の見積書用語——「人月^{にんげつ}」

　人月とは、システム開発などに係る作業量、工数を表したもので、「１人月」は「要員１人が１か月（通常、１日８時間を20日間）働く作業量」を表します。

　人日^{にんにち}という単位もありますが、これは、「要員１人が１日（同様に通常８時間）働く作業量」を表します。

　たとえば、ある委託案件に対して、委託従事者が３人でそれぞれ50日従事する場合は、

　3×（50÷20）＝7.5人月（7人月と10人日）

となります。

　この積算方法は、土木建築業界の手法を流用したものですが、システムの業界には国土交通省が公表する「公共建築工事標準単価積算基準」のような明確な基準が存在しないなどの違いがあります。

　見積額は、この人月（人日）に要員単価を掛け合わせて積算されますが、この要員単価も、本来はプログラマー、SE、マネジャーなどの要員の技術単価ごとに明細化されている必要があります。しかし、受託業者の平均要員単価が発注者（自治体）ごとに固定化されているケースが多く、このことも見積額の内訳をわかりにくくしている要因にもなっています。

　これらさまざまな問題があるために、ファンクションポイント法（FP：Function Point method）などの積算方法も考案されていますが、受発注双方（特に発注者側の自治体）に浸透していないのが現状です。

　もっとも、これからのシステム（ITサービス）は、個々の自治体で独自にシステムを開発発注するより、「サービスを買う」流れになっていくでしょうから、サービスの価値を評価して積算する方向に向かっていくものと思われます。

Ⅲ システムを保守する

1　システム保守とは

　システム保守とは、導入しているシステムやネットワークに異常が発生、もしくは異常の予兆が発見された場合に、迅速にもとの状態に戻す、障害になりうる原因を取り除く作業を指します。

　たとえば、サーバーのハードディスク障害が発生した場合は迅速にディスク交換をし、再稼働させます。これらは機器に対する保守と位置付けられています。

　システムに障害が発生した場合はどうでしょう。

　とある検索をしたらエラー画面が出てしまった、法改正により新しい機能を追加しなければならなくなった（追加しなければシステムは正しく稼働しませんよね）場合も、迅速に新しいプログラムを適用して、安定稼働できるところまで確認を行います。これらは、システムの保守と位置付けられています。たとえば、皆さんの自治体で自前（オンプレミスといいます）でサーバー機器とそこで稼働するシステムを構築した場合は、機器（ハードウェア）に対する保守契約とシステム（ソフトウェア）に対する保守契約、通常２本の保守契約を締結することになります。

　こちらも、契約書締結時に、機器に対する保守契約では「何時間以内にどのような対応をしてくれるか」、システムに対する保守契約では「どこまでのシステム改修が無償化なのか」を必ず確認して契約書とそれに付随した前述した SLA（Service Level Agreement、サービス品質保証）で明文化しておいてください。運用契約と同様に、情シスとベンダーとの責任範囲もきちんと明確化しておいてください。

また、成果物として、一連の保守作業でシステムの仕様が変わるのであればシステム仕様書・設計書の、運用の手順が変わるのであれば先述の運用手順書の改変を、保守ベンダーに提出を忘れずに求めてください。

2　クラウド上のシステムの保守

　特に最近導入が進んでいるパブリック型のクラウドシステム導入時の保守契約については、少し勝手が違ってきます。基本的にクラウド事業者（CSP、クラウドソリューションプロバイダー）が保守を行うため、自治体の情報担当者の手間は少ないはずです。しかしながら、契約内容によっても保守範囲は大きく異なるため、①事前に保守内容の確認を詳細に検討することと、②SLAを使用して業務の継続に必要なサービスレベルを合意し、SLMを継続的に実行することが必要です。

3　情報システムの最適化をしよう

　情報システムは一度導入すれば終わりではありません。自庁内（オンプレミス型）やデータセンター内に自前でシステムを構築（ホスティング型）している場合は、主要なサーバー製品は数年ごとに保守サポートが切れるため、新しいサーバーに入れ替えなければなりません。また、クラウド利用をしている場合でも最低限の自庁内ネットワークなどの機器の入れ替えも同様です。製品保証期限が過ぎると部品供給ができなくなるなどの理由で数年ごとに入れ替えが必要となるからです。

　皆さんの自治体では、本章で述べたとおり、稼働しているすべての情報システム機器の棚卸しをしていますか？　していない場合は速やかに棚卸しをして、それぞれのサーバーやネットワーク機器、システムがいつまでサポートが可能か（保守が可能か）を整理してみてください。そうすることで、機器入れ替えやシステム更新費用が特定の年度に集中化するか否かが明確になります。前述のとおり、資産台帳と同じ考え方で、

このような総合的な資産台帳の作成を行うことが重要です。

　そのうえで、更新年月が隣接している場合はまとめて更新したり、複数のシステムの機能を1つのシステムに集中化・効率化させる計画を立てたりすることで、システム更新予算の削減につながります。この作業を「情報システムの最適化」と呼びます。今後新しいシステムの導入が必要となった場合でも、この最適化計画があれば、適切な形態での導入ができますよね。

　ただし、近年のDXの動きは、この情シス主導のシステム最適化はすでに行われているものとして、その検討のうえにさらにITを最大限に活用した「業務の最適化」の検討を加えるものとなっています。時流に遅れないよう、まずは未検討の部分があればそこから着手して足元を確実に固めることを忘れないようにしましょう。

4　日々の作業はどんなこと？

　情報システムの保守作業は、ベンダー任せだけではいけません。情シス担当者で毎日できることがあります。

　もしサーバールームがあれば、その中に入ってみてください。いつもと違う音が聞こえてきませんか？　機器類のランプのいつもと違う場所に、違う色のランプが点灯してはいませんか？　クラウドサービスを導入されている場合は、サービスには問題なくつながりますか？

　これらは、毎日の「普通」を重ねることで見つけることのできる、システムの「異常」やその「予兆」です。しかも、日々の業務の積み重ねができる皆さんでしかできないことです。

　異常を見つけたら、すぐに状況を記録して、保守ベンダーに連絡をしましょう。また、このような異常の初動対応を迅速に行うためにも、システム構築や運用保守の契約時にベンダーから提出してもらう成果物をすぐ取り出せるところに準備しておきましょう。デジタル化だといって、

システム停止時の対応手順書のデータがそのシステムの端末の中にだけ
入っていたなんて、笑い話にしかなりません。

　サーバー構成図、ネットワーク構成図、各種仕様書・設計書、運用手
順書、各サーバー、システム類の ID とパスワード一覧表等は探して所
在を明らかにしておきましょう。オンプレミス環境ならば、サーバールー
ム内のサーバーラック構成図や電源構成図を作っておくといろいろと役
に立ちます。

　ただし、これらの情報はシステム保安上の「機密情報」にあたるため、
保守管理は厳重にしておいてください。

新規システムを導入する（システムリプレイス）

新しいシステムの導入経験はありますか？

自治体の規定により、一定の金額以上は競争入札が求められますが、使い勝手や保守の満足度の製品を求めるには競争入札より提案型プロポーザルのほうが向いています。RFI（Request For Information、情報提供依頼書)、RFP（Request For Proposal、提案依頼書）と呼ばれる一連の作業がそれにあたります。

RFIやRFPの手法については、ここでは紙面を割くことはしませんが、多くの自治体が仕様書をホームページに掲載していますので参考にしてみてください。

ここで、留意すべき点があります。

特に、小規模自治体に多いと耳にしますが、RFPを自分たちで書かず、付き合いのあるベンダーに募集時の依頼書の作成までお願いしてしまうケースがあるようです。そうした場合、依頼書にその依頼書を作成したベンダーでしか実現できない要件が紛れてしまう場合があり、公平性に欠けたプロポーザルとなってしまいます。

一方、地方の自治体では、RFPを募集しても、本当は応募に参加してほしい大手ベンダーに振り向いてさえもらえないケースもあります。その結果、地元のベンダーと契約せざるを得ない結果になってしまったという声もあります。

今後、自治体の基幹系システムはガバメントクラウド上に標準化されるようになるため、このような心配はなくなるかもしれませんが、それ以外のシステムについては、地方の自治体にとってまだまだ不利な状況

です。また昨今は急激な DX 化の波の到来による人員 (リソース) 不足から、大都市圏でも RFI、RFP に応じるベンダーが減っている状況もあるようです。必要なときに、どうやって最適な事業者に最適なパートナーになってもらえるか。今後の情シスの課題の 1 つです。

　加えて今後は、国の進める「クラウド・バイ・デフォルト」(97 ページ) の方針のもとでクラウドベースのシステム基盤構築が主流となり、ベンダーに求められる技術も大きく変わっていくようです。この点については第 8 章で詳述します。

COLUMN　来るべき「大データ移行問題」に向けて

　2025（令和7）年に向けてガバメントクラウドへのシステム移行準備が着々と進んでいます。小規模自治体では、ガバメントクラウドの前に、近隣自治体とのクラウド化がやっと進みつつある、というケースも多いかもしれません。

　異なる自治体の基幹系システムの統合時に必ず出てくるのが「データ移行問題」です。同じ法定事務を執行するために作成された基幹系システムでも、メーカーが違えば、基幹系システム（パッケージ）のUIや内部のデータレイアウト、文字の仕組みまでもが異なります。

　このため、国では、自治体の業務システムにおける円滑なデータ移行の実現を目指し、全国の自治体がデータ移行時に共通的に利用できる「中間標準レイアウト」仕様を公開し、移行データの項目名称、データ型、桁数、その他の属性を標準的形式とした移行ファイルのレイアウト仕様を定めています。この中間標準レイアウトがあれば、各ベンダーの持つパッケージのデータレイアウトの著作権に触れることなく、スムーズに、廉価にデータ移行ができる"はず"です。

　しかし実際には、多くの自治体で基幹系システムを他社に乗り換える際には、高額のデータ移行作業料が発生していると聞きます。

　移行作業には、①自システムからデータを吸い上げ、中間標準レイアウトに落とし、②移行先のシステムのデータレイアウトに取り込むという作業が発生します。①は移行元のシステムベンダーが、②は移行先のシステムベンダーが担当します。

　この①の費用が想像以上に高額になるケースを見聞きします。工数とSE単価を計算しても、作業期間と合わない、でも払わないとデータを出さない、というケースもあるようです。いわゆる「手切れ金」とも揶揄されたりしますね。

　2025年やその後のシステム変更に向けてすべての自治体が適正な価格でデータ移行ができるよう、国側で「中間標準レイアウト」に対応するシステムベンダーを拡大すること、対象業務の再精査を行うこと、また、データ移行が適切に行われるよう契約書を例示するなど、積極的な働きかけを期待しています。

　各ベンダーも自社パッケージを標準化対応パッケージに移行するためには、標準的な変換プログラムを開発し、提供するはずですからね。

4

第4章

【シゴト3】
情報セキュリティ

情シスに異動してきたあなたが、「情報セキュリティ」と聞いて真っ先に思い浮かべるのはどんなことですか？

　コンピューターウイルス、個人情報の漏えいなどが思い当たるのかと思います。個人情報保護とは何が違うのでしょうか？

　一方、情報セキュリティの専門書を開くと、「可用性」、「機密性」、「完全性」といった、思わず頭を抱えてしまう難しい言葉ばかりが並び、勉強しようとしてもなかなかとっつきにくい分野です。また、情報セキュリティの分野は幅が広く、覚えることもたくさんあります。本章では、最低限覚えておきたいことに絞って説明します。

I 情報セキュリティポリシーとは

　あなたの自治体には、必ず「情報セキュリティポリシー」があるはずです。情報セキュリティポリシーとは、「組織内の情報セキュリティを確保するための方針、体制、対策等を包括的に定めた文書」のことです。情報セキュリティポリシーを見たことがなければ、必ず目を通してください。

　自治体の情報セキュリティポリシーは、2022（令和4年）年3月に総務省から発表された「地方公共団体における情報セキュリティポリシーに関するガイドライン（令和4年3月版）」をもとに策定されているかと思います（古いガイドラインに基づいたままであれば、すぐに改定をするように声をあげましょう！）。このガイドラインは総務省のホームページ（下）に掲載されていますので確認しておきましょう。

 総務省「地方公共団体における情報セキュリティ
ポリシーに関するガイドライン（令和4年3月版）」
URL https://www.soumu.go.jp/main_content/000805453.pdf

　また、セキュリティポリシー策定の理由として、ほかにも、サイバーセキュリティ基本法第5条において、地方公共団体の責務としてサイバーセキュリティに関する自主的な施策の策定と実施が定められています。マイナンバー制度関連の「特定個人の適正な取扱いに関するガイドライン（行政機関等、地方公共団体等編）」や個人情報保護法が求めている安全管理措置についても、ほぼその対策は情報セキュリティ対策と

重複するため、セキュリティポリシーとあわせて遵守しなければなりません。

　情報セキュリティポリシーは、「基本方針」「対策基準」で構成されています。

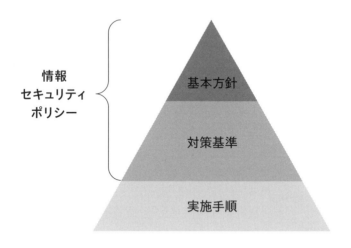

情報
セキュリティ
ポリシー

基本方針

対策基準

実施手順

出典：総務省「情報セキュリティポリシーガイドライン」i-16をもとに作成

　各自治体の情報セキュリティ対策における基本的な考え方が「基本方針」であり、この基本方針に基づき、自治体の情報システムに共通の情報セキュリティ対策の基準を定めるのが「対策基準」です。この「基本方針」「対策基準」を総称して「情報セキュリティポリシー」と呼び、「対策基準」を部署や事業・事務単位の具体的なシステムや手順・手続きに展開して個別に実施すべき事項を定めたものが「実施手順」と呼ばれるものです。

　「基本方針」と「対策基準」それぞれの内容を、先述の「地方公共団体における情報セキュリティポリシーに関するガイドライン」から挙げると、次のとおりです。

●基本方針

目的、定義、対象とする脅威、適用範囲、職員等の遵守義務、情報セキュリティ対策、情報セキュリティ監査及び自己点検の実施、情報セキュリティポリシーの見直し、情報セキュリティ対策基準の策定、情報セキュリティ実施手順の策定

●対策基準

組織体制、情報資産の分類と管理、情報システム全体の強靭性の向上、物理的セキュリティ、人的セキュリティ、技術的セキュリティ、運用、業務委託と外部サービスの利用、評価・見直し

端的にいうと、組織の中での「最高情報セキュリティ責任者（CISO：Chief Information Security Officer）」の設置、情報資産の分類と取り扱い制限と保管方法、ネットワークにおけるマイナンバー利用事務系とLGWAN 接続系、インターネット接続系の分離（いわゆる三層分離）の考え方、サーバーや通信の管理方法、人的セキュリティへの対応方法等、自治体業務の中で対応が求められるセキュリティ要件が網羅されています。

ここでは、特に大切だと思われる部分について解説します。

情報セキュリティポリシーで
おさえるポイント

1　組織体制

　まず、CISO（最高情報セキュリティ責任者）は必ず定めます。多
くの自治体が副市長や副町長をその職に充てている例が多いようです。
CISOの下には、統括情報セキュリティ責任者、情報セキュリティ責任者、
情報セキュリティ管理者、情報システム管理者、情報システム担当者が
配置され、それぞれの業務を行います。

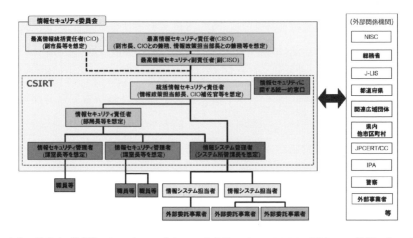

出典：総務省「情報セキュリティポリシーガイドライン」iii-22　図表11　情報セキュリ
　　　ティ推進の組織体制例

2　セキュリティインシデント発生に備える

　もし、庁内でセキュリティインシデント（情報セキュリティに関す
る障害・事故およびシステム上の欠陥とその予兆）が発生した場合に

備えて、CSIRT（シーサート、Computer Security Incident Response Team）という情報セキュリティインシデントに対応するための体制を整備しておく必要があります。CSIRTでは、CSIRT責任者を置き、被害の拡大防止、事態の回復のための対策実施、再発防止策の検討を行うとともに、情報セキュリティに関する統一的窓口を果たします。

　また、セキュリティインシデントの発生状況のとりまとめ、CSIOへの報告、CISOの意思決定の伝達、都道府県や総務省等への報告、その重要度や影響範囲に応じて報道機関への通知・公表を行います。

　セキュリティインシデントは発生してほしくないものですが、昨今はインターネットを通じたありとあらゆる機関にサイバー攻撃が生じうるため、「明日はわが身」と備えておかなければなりません。定期的にCSIRT内のルールを見直し、インシデント発生時の対処の訓練を実施しておくことをおすすめします。

　小規模自治体では、CSIRTを構成しようにも人員が少なくてどうしていいかわからない、といった悩みもあるかもしれません。その場合は地方公共団体情報システム機構（J-LIS）が出している「情報セキュリティインシデントハンドブック」や「小規模自治体のためのCSIRT構築の手引き」などの資料をはじめ、「情報セキュリティインシデント対応訓練ツール」などのツール、さらに国立研究開発法人情報通信研究機構（NICT）の運営するCYDER（Cyber Defense Exercise with Recurrence、実践的サイバー防御演習）といった無料の演習制度がありますので参考にしてみてください。

3　情報システム全体の強靭性の向上

　自治体の情報システムのネットワーク構成は、「三層の構え」という対策で強靭化されたものになっています。これは「新たな自治体情報セキュリティ対策の抜本的強化に向けて」（2015（平成27）年12月25

日総務大臣通知）により示されたもので、同年6月に日本年金機構、長野県上田市におけるサイバー攻撃被害が相次いで公表され、10月にマイナンバー制度の施行を控えた自治体のサイバーセキュリティに対する対策の見直しが急務となったことによります。自治体の保持するマイナンバーを含む個人情報（特定個人情報といいます）を最も大切に守るべき情報と位置付けて、自治体内のネットワークを①マイナンバー利用事務系、②LGWAN接続系、③インターネット接続系、の3つの系統に分離させたものです。当時は全国の自治体でこの対策の実施に追われ、これを契機に自治体のネットワーク環境は大きく変わることとなりました。この3つの系統に分離させた形態を「αモデル」と呼びます。

　この「三層の構え」（三層分離ともいいます）は現在の自治体のネットワーク構成を理解するうえで、またテレワークの推進など今後の行政のDXに対応していくうえでも非常に影響を与える構成です。

● αモデル

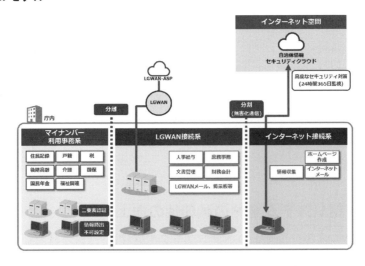

出典：総務省「情報セキュリティポリシーガイドライン」iii-35　図表15　三層の構えによる自治体情報システム例

4 三層分離の概要

次に、三層分離の対策を簡単に解説します。

（1）マイナンバー利用事務系

文字どおり、マイナンバーを利用する住民基本台帳、戸籍、税、介護、国保の事務などを扱う領域です。ネットワークは、物理的に LGWAN 接続系とインターネット接続系とに分けられており、操作する端末には静脈認証とパスワードなどを組み合わせた二要素認証が求められます。USB メモリなどへの情報の書き出しや持ち出しは、管理者権限を持った職員に限定し、データを暗号化かつ持ち出し目的も限定するなど、非常に厳しいセキュリティ対策が取られています。

（2）LGWAN 接続系

自治体同士が接続している専用線です。三層分離が始まった頃は、この LGWAN 接続系の中で、事務用パソコン（端末）が配置されていた自治体がほとんどではないでしょうか。

たとえば、庁外からインターネット経由で添付ファイル付きのメールが届いたとします。インターネット系側のメールサーバーに届いたメールは、専用の回線を使って LGWAN 側に転送されます。その際に、メールの添付ファイルがコンピューターウイルスに感染していたら大変です。特殊な専用プログラムを利用してファイルのマクロなどを除去してウイルスがついていないことが確認できたら、添付ファイルを利用することができるようにします。これを添付ファイルの「無害化」と呼んでいます。

職場でウェブサイトを閲覧する場合には、物理的に別に配置されたインターネット接続系のパソコンで閲覧するか、「仮想化」技術を使って、インターネット系で操作している画面イメージだけ（ウェブサイトの画

面）を自分の LGWAN 系のパソコンに転送して確認することなどを行っています。

　これはセキュリティ対策の功罪の常なのかもしれませんが、自治体におけるサイバーセキュリティが向上した一方で、自治体の現場としては、これらの環境整備の投資コストがかかり、業務の効率化や住民への IT 技術を活用したサービス展開に支障が出ている状況も事実です。今後は、セキュリティの技術動向などサイバーセキュリティの適切なリスク判断をしながら、最適なサイバーセキュリティ対策を模索していく必要があります。

（3）インターネット接続系

　文字どおり、インターネットに接続できるネットワーク環境です。インターネット接続は、三層分離以前からも、プロキシサーバーや外部 DNS サーバー（インターネットにつなげるためのサーバー類のことです）の定期的なログ監視、通信ポート制御（情報が通る道の関所みたいなものです）、不正なパケットの監視（皆さんの自宅に訪ねてくる知らない人への防犯対策と思ってください）の監視運用を行ってきました。

　三層分離になって以後、そのようなインターネットに接続する機器や運用を共同化するために、自治体のインターネット通信の監視を行うセキュリティクラウドを主に都道府県単位で設置しています。SOC（Security Operation Center）とも呼ばれる、24 時間 365 日、専門のセキュリティ人材が 1 か所に集約されたインターネットの出入り口で、配下の自治体のインターネット通信の状況を監視しています。国境整備みたいですね。

　これにより、各自治体においては現在主流となっている、インターネットに接続する業務のクラウド化を安価に安心して導入できるようになりました。

ただ、自治体の情シスの現場では、インターネット系の通信障害が発生した場合、SOCが原因なのか、それとも自分たちの内部のネットワーク機器が原因なのか、原因の切り分けに苦労している、という声も聞きます。

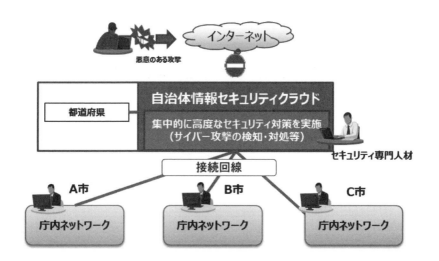

出典：総務省「情報セキュリティポリシーガイドライン」iii-43　図表19　自治体情報セキュリティクラウド

　先ほど述べたように、この三層分離が自治体業務に与えている負の影響を改善し、業務の効率性・利便性の向上を目的とするため、現行の分離方式（αモデル）のほかに、次のモデルも構築が認められるようになりました。

● **βモデル**：インターネット接続系に主たる業務端末を置き、入札情報や職員の情報等重要な情報資産は LGWAN 接続系に配置する方式

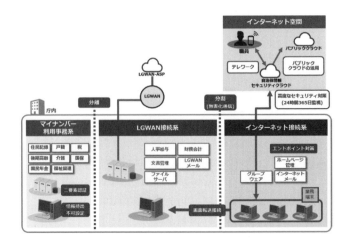

出典：総務省「情報セキュリティポリシーガイドライン」iii-45　図表21　βモデルイメージ図

● **β´モデル**：インターネット接続系に主たる業務端末と入札情報や職員の情報等重要な情報資産を配置する方式

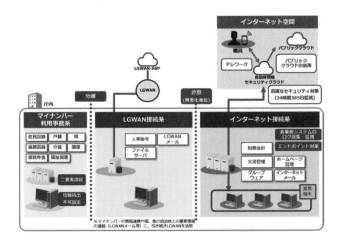

出典：総務省「情報セキュリティポリシーガイドライン」iii-47　図表23　β´モデルイメージ図

特にβ´モデルは、インターネットにも接続でき、グループウェアや財務会計システムなど主要な内部事務システム処理がインターネット側で可能なため、職員にとっては業務の効率化につながります。また、近年の新型コロナウイルス感染症対策やBCP対策の一環としてのテレワークの実施や、庁内のネットワークを無線LAN化しフリーアドレス化することで、ABW（Active Based Working）の働き方も可能です。

このためか、ネットワーク機器やサーバー類のリプレイス時期に合わせてこのβ´モデルの形態に移行する自治体が増えているように感じます。

しかし、このβ´モデルを採用した場合、前述したSOCの機能があったとしても、端末監視ソフトを使用した各端末のエンドポイントセキュリティ対策（端末に不審なウイルスが入って来ないか監視、検出をするなどの対策）の実施、住民の情報を端末に保管しない、セキュリティインシデント発生時の対処訓練、セキュリティ対策の実施状況の外部監査の実施と報告をする、といった厳しい対応がいくつか求められています。

自分の自治体がどのモデルを採用しているか確認のうえ、情報セキュリティポリシーに記載された対策を確実に行います。

（4）業務委託と外部サービスの利用

官民を問わず、システムの運用を委託している事業者やその下請け事業者による顧客データの紛失・漏えい事件が相次いでいます。これらの報道に接するたび、背筋が凍った思いをする情シス担当者も多いのではないでしょうか。

自治体の基幹系システムは、汎用機（ホストコンピューター）が主流だった時代から現在はオープン系システム（サーバーで業務を処理してブラウザの画面で結果を見る形態）に移行しています。それに伴い、基幹系システムに限らず、財務会計会システム、人事システムといった内部系システムもパッケージ化された製品を使うようになり、また、その

運用・保守も、パッケージシステムを導入したベンダーに委託するようになりました。

業務委託については、第3章でお話ししたとおり、情報セキュリティポリシーの中でも、委託先において対策基準に適合した情報セキュリティ対策が確実に実行されるよう、委託先への要求事項を仕様書に定め契約条件としておく必要があります。

特に、委託契約の契約書の条文で注意しなければならないのは「第三者委託」の項です。

委託先事業者から提案される契約書の中には「乙は当該業務を第三者に委託することができる」と書かれたものがあります。情報システムの業界は、建設業界と似ており、多重下請けの世界といわれています。たとえば、A社と〇〇業務の開発の委託契約を締結した場合、実際に作業するのはA社の社員だけでなく、A社の関連会社のB社、B社が委託する人材派遣会社のC社……というように、現場では「A社の者です」と名乗られるものの、実際は孫請けC社から派遣されたフリーのプログラマだったりします。その実情を踏まえ、皆さんは、その孫請けで来ているC社のプログラマに、A社で締結した「対策基準に適合した情報セキュリティ対策が確実に実行されているか」がきちんとプロジェクト内で管理されているかを確認しなければなりません。

契約案件が遅延するなどして現場が炎上してくると、真っ先に軽視されてくるのは日常の「決まりごとを守るルール」です。受託先によほどしっかりしたプロジェクトマネージャーやプロジェクトリーダーが現場にいれば「対策基準に適合した情報セキュリティ対策」は遵守されるのでしょうが、そうでない場合も想定しなければなりません。

そのため、契約書に「第三者委託する場合は事前に甲に書面で許可を得ること」、「委託した第三者にも乙の責任で乙と同様の情報セキュリティ対策を課す」といった条文を必ず盛り込みます。

昨今頻発している事故も、システム業界の多重構造の実態が垣間見られます。情シスにとって、「念には念を入れよ」にゴールはありません。委託先の責任者と定期的にミーティングを行い、業務の進捗管理を行うのをはじめ、セキュリティ基準が遵守されているかチェックシートの提出を求める、委託先の従業員の身分証明書を確認する、情報セキュリティ監査を実施するなど、セキュリティ事故の防止に努めてください。

　なお、委託先ばかり気にしていて内部職員への対策がおざなりだった……などということがないようにしたいものです。

　ここまで、情報セキュリティポリシーで特に留意してもらいたい点を抜粋して説明しました。

　これ以外にも、情報セキュリティポリシーには重要なことがたくさんうたわれています。繰り返しになりますが、総務省の「地方公共団体における情報セキュリティポリシーに関するガイドライン（令和4年3月版）」は必ず目を通しておきましょう。

III サイバーセキュリティ攻撃

1　サイバーセキュリティ攻撃とは

　実際のサイバーセキュリティ攻撃について少し説明を加えます。

　そもそも、サイバーセキュリティ攻撃って何？　と思われる方も多いでしょう。

　サイバーセキュリティ攻撃の一例でよく挙がるのが、「コンピューターウイルス」※です。悪意を持った人間や組織が、パソコンの中にコンピューターウイルスを忍び込ませることで、コンピューター内部のファイルを壊したり改ざんしたり、個人情報などの機密情報を抜き取ったりする攻撃のことをサイバーセキュリティ攻撃といいます。

※コンピューターに悪さをするプログラム全般をマルウェアと呼びますが、ここでは、より一般的に使われている言葉である「コンピューターウイルス」を使うことにします。

2　よくある事案

（1）ランサムウェア

　サイバーセキュリティ攻撃で特によくある事案は、ランサムウェアというコンピューターウイルスをシステムに侵入させ、コンピューター内部のファイルを使えないように暗号化して業務を停止させたうえで「ファイルを回復させたかったら身代金○○万円を払え」などと要求するものです。泣く泣く、身代金を払った会社もあるようです。また、ネットワークの脆弱性（防御における弱点、たとえば、家の玄関の鍵がすぐ開く状態になっているなど）を狙って、そこからネットワークの中に侵入し、企業の機密情報を抜き取ったりするケースもあります。

ランサムウェアは、コンピューターにウイルスを仕込んでファイルを暗号化すると同時に、システム内の情報を盗むものもあります。この場合、攻撃者は、システムの復旧と情報漏えいの二重に脅迫をしてきます。

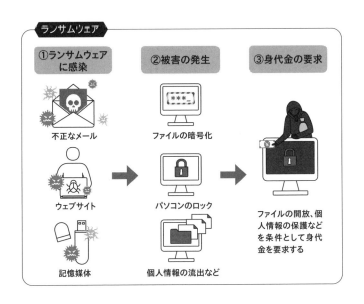

（2）DoS 攻撃・DDoS 攻撃

　もう１つの代表的な攻撃は、DoS 攻撃・DDoS 攻撃という攻撃で、特定のサーバーに必要以上にアクセスを繰り返し、サーバーの機能をダウンさせてしまうものです。皆さんの職場にたとえると、いきなり役所に何の用もない大勢の人が入口のドアにどんどん押し寄せて、庁舎の入口が使えなくなり、住民や職員の誰もが庁舎に出入りできなくなったような状態です。つまり、たくさんのアクセスをサーバーに行わせてダウンさせることで、その組織の業務を止めてしまうものです。

　一昔前のセキュリティ対策は個人情報の漏えい対策を主に行ってきましたが、近年は、組織・機関の事業継続性をも狙った攻撃が増えています。つまり、従来の情報漏えい対策に加えて、データのバックアップ方法の

変更や回線機器類の二重化といった対策が新たに必要になったというこ
とです。

　サイバーセキュリティは常に攻撃手法も進化しています。私たちも、
常に新しい情報を入手し、自分たちのシステム構成に合った必要な対策
を取らなければなりません。

　サイバーセキュリティ攻撃をする人たちは「ブラックハッカー」と
呼ばれ、ダークウェブと呼ばれる世界で、コンピューター製品や組織の
脆弱性情報や個人情報、コンピューターウイルスのプログラムなどを取
引しているといわれています。ブラックなハッカーの世界はかなりマー
ケット化しているということですね。セキュリティベンダーや関係機関
と綿密に連携を取り、できる限りの対抗策を講じ、狙われにくい組織シ
ステムをつくっていきましょう。

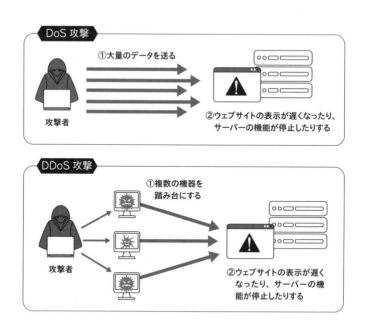

（3）ウイルス対策ソフトは対策になるのか

　ここで、「コンピューターウイルス対策ソフトがあるじゃない」と思われた方もいるでしょう。しかし、従来の一般的なコンピューターウイルス対策ソフトは、犯罪捜査と一緒で、今まで検出されたコンピューターウイルスを登録したパターンファイル（容疑者一覧のようなもの）を定期的に更新使用して検知（犯人を逮捕）するためのソフトです。しかし、世界では毎日、毎時間、いや毎秒新しいコンピューターウイルスが生まれています。そのため、できたてほやほやのウイルスに対しては、こうしたウイルス対策ソフトは用をなしません。さらに、新たに発見された機器やソフトウェアの脆弱性に対して、修正プログラム（パッチ）が当てられる前に攻撃されるかもしれません。このことを「0（ゼロ）デイアタック（攻撃)」と呼びます。

3　コンピューターウイルスに感染した！

　では、このようなコンピューターウイルスに感染しない、サイバー攻撃の被害に遭わないためには、どのような対策を取ればよいのでしょうか。筆者が実際にコンピューターウイルスに感染体験したエピソードからお話ししたいと思います。

　ある時、庁内のとある部署から情シスに内線がかかってきました。
　「ファイルサーバー上のファイル名がおかしなことになっている」。
　ファイルサーバーは、庁内の職員が部門に関係なくアクセスでき、ファイルを共有できるようにしている環境です。連絡のあったフォルダを確認すると、すでに10個程度のファイルの名前が意味不明の英文字に変換されつつありました。
　「これはウイルス感染だ」と直感し、画面のスクリーンショットを撮り、すぐにそのファイルサーバーの通信（LAN）ケーブルを抜いて庁内ネッ

トワークから物理的に切り離しました。そして、全職員に対して、監視ソフトウェアのメッセージ機能から「直ちに庁内ネットワークから物理的に遮断すること（通信ケーブルを抜くこと）」を指示しました。

　同時に、とある職員から「ウェブ画面を見ていたらおかしな画面が出てきて、クリックしてしまった」との報告もありました。その職員にも、通信ケーブルを抜いてもらい、画面はそのままにしておくよう指示をしました。

　当時、ファイルサーバーはオンプレミス型で、庁内のサーバールームに設置していました。すぐに庁内のシステム構成図とネットワーク構成図を確認し、ファイルサーバーは物理2基構成で稼働しており、他のサーバーには論理的に接続していないことを確認しました。次に、インターネット接続サーバーの遮断をし、まずはファイルサーバーの中のウイルス検知と、バックアップスケジューラーの停止を行いました。スケジューラーを停止した理由は、ファイルサーバーが夜中に前日分のファイルのバックアップを行うため、そのバックアップスケジュールを止めなければ正しいファイルがウイルスに感染したファイルにバックアップファイルとして上書きされてしまうからです。

　次に、ネットワーク機器の保守を委託している会社に、外部からの侵入のログ（コンピューター内で行われた活動の記録）調査を依頼しました。

　と、ここで問題が発生します。ネットワークの保守会社により侵入経路とウイルスを特定したのですが、ファイルサーバーの保守会社のSEを呼び出しているあいだにウイルス検知をするためにとファイルサーバーを操作しようとしたところ、操作ができないのです（補足すると、管理者権限でサーバーにアクセスできない、タスクの停止や再起動ができない状態でした。さらに筆者の自治体は地方ゆえにSE到着までに時間がかかりました）。

　結果、時間はかかったものの、その日のうちにファイルサーバーを無

事再起動させ、最新のパターンファイルを適用し、悪さをしたウイルスを駆除することができました。翌日には庁内のネットワーク接続は回復させましたが、数日間、インターネットの入口の通信とログを監視しました。10個程度のファイル名の改ざんは見つかりましたが、幸いにもそれ以上の被害は出ませんでした。

　感染の原因は、保守会社が定期的にOSのアップデートをしていると信じていたのに、OSアップデートの作業やウイルス対策ソフトのパターンファイルのアップデート作業をしていなかったことでした。

　この体験から学んだことがいくつかあります。

（1）エンドユーザーには定期的にセキュリティ研修を行う

　これまでも、年に一度は全ユーザーに対して、コンピューターウイルスの仕組みや侵入防止対策の情報セキュリティ研修を行ってきました。おかげで、早めの通報や、見慣れない画面に気づくことができ、迅速な対処ができたのだと思います。

　サイバーセキュリティの世界では、サイバー攻撃を完全に防ぐことはできないことは常識とされています。そのため、コンピューターウイルスに感染しないように細心の注意を払いつつ、もし感染したら一刻も早く検知して対処することが何より重要だといわれています。

　情シス担当は、定期的なセキュリティ研修を行うのはもちろん、庁内のグループウェアの掲示板に「こんなウイルスメールが届いているから開かないように」といった注意喚起や、感染や感染が疑われたときの連絡手順の周知など、エンドユーザーへの継続したセキュリティ教育を続けてください。

（2）保守会社に作業を任せきりにしない

　保守契約を結んでいるから、安心。

……ではないことは前述のとおりです。今回のように、OS アップデートをしていなかったり、ウイルス対策ソフトウェアの更新を行っていなかったりするケースがあるかもしれません。契約書にその事項が書かれていたとしても、です。情シス担当は、サーバー機器類の運用保守契約書を改めて見直し、どんなことが運用保守項目に入っているか確認をしてください。また、運用保守完了報告書についても、確認のハンコを押すだけではなく、実際に作業に立ち合ったり、作業の実行証跡を求めたりすることで、契約書に定めた作業項目が実際に行われているかを確認してください。

　本来であれば、このような場合は契約不履行で運用保守料の減額などを要求できるケースでもありました。しかし、多くの自治体は、そこまで責任を追及せずに済ませていることが多いのではないかと推測します。ベンダーに任せきりにしたり、言いなりになったりしないように、情シスもしっかりと事実を見極め、毅然と対処する姿勢と知識を持ってください。

（3）情シスも専門的知識を持つ

　上の項目で紹介したケースは、運用保守を委託したベンダーにしかインターネット接続機器類のアクセスログを確認できない状態でした。しかし、情シス担当者が早期にインターネット接続機器類にアクセスして、ログ分析をできれば、普段のセキュリティ攻撃の予防も含め、早期にセキュリティインシデントへの対応ができるはずです。

　第4章で紹介しましたが、NICT 主催で「CYDER」というセキュリティインシデントハンドリングの実地演習が行われているのをご存じでしょうか。これは、実際のログ画面を教材にして、セキュリティインシデント時の対応を本番さながらに学べる有益なプログラムです。自治体職員は無料で受講可能のため、ぜひ受講してみてください。

セキュリティ攻撃は、「明日はわが身」です。日々、いろいろなセキュリティ攻撃のニュース情報に敏感になり、「このケースではうちの庁内ではどのような対応が考えられるだろうか」とシミュレーションする習慣をつけてくださいね。

（4）システムの運用について理解しておく

納品されているシステムの運用手順書（バックアップスケジュールやバッチ処理の流れ）、サーバー構成図などを理解しておけば、セキュリティインシデント時の切り分けや、とっさの判断ができるようになります。また、そのような視点で納品物をチェックすることも大切です。

（5）やっぱり「クラウド・バイ・デフォルト」

「クラウド・バイ・デフォルト」とは、国の各府省で情報システムを新規に導入する際に、クラウドサービスの利用を第一候補（デフォルト）とする方針のことです。この考え方が地方自治体にも拡がっています。

第3章でもお話ししましたが、攻撃されたサーバーがクラウド上にあれば、セキュリティインシデント対応は運用・保守ベンダーがある程度責任を持って対応してくれるため、情シスは正直ラクになります。

ただそれでも、エンド端末（ユーザーのパソコン）から庁内ネットワークに被害が拡散される可能性に対する対策の実施や、クラウド上のシステムの責任分界点の確認、事業者の監視などやるべきことは十分ありますので、クラウドベンダーとの連絡は密に取ってください。何事も「丸投げ」はよくないですね。

ソーシャルエンジニアリングに気を付ける

本章では、情報セキュリティを語るうえで重要なセキュリティポリシーの話や、サイバーセキュリティの話をしてきましたが、実務の中で気をつけなくてはいけないセキュリティ要素がもう１つあります。

それは「ソーシャルエンジニアリング」という概念です。コンピューターウイルスなど情報通信技術を使わずに、人間の心理や心のスキ、行動のミスに付け込んで情報を入手する手法です。

たとえば、実在のクレジットカード会社を装った偽メールを送り付け、「パスワードの確認をしたいのでこの画面に入力してください」と入力画面に誘導したり、実際に電話をかけてきて、パスワードを不正に入手したりする手法です。SMS（ショートメッセージサービス）やメールを使った手口も多くみられます。

また、他人の肩越しにパスワードを覗き見ることも（ショルダーハッキングといいます）、代表的なソーシャルエンジニアリングです。その人のパスワードを使用して、庁内のシステムに不正にアクセスしたというニュースもよく目にします。

こんなパターンもあります。ゴミ箱に入れたメモや机の上に置かれた書類から、機密情報を盗み取ろうとする人がいるかもしれません（トラッシング行為といいます）。執務中、全然知らない人が入ってきたけれどきっと何かの事業者の人だろうと、声をかけずに済ませたということはありませんか。

そのような情報漏えいの被害を防ぐためには、庁内を、職員しか入れないセキュリティゾーンと職員以外の者も入れるゾーンとにゾーン分け

したうえで、職員以外が入れるゾーンや、ゾーンの境界付近には機密情報を置かないといったセキュリティゾーン対策を講じる必要があります。

　もちろん、退庁時には机の上は何も置かない「クリーンデスク」の意識も重要です。さらには、飲食店や公共交通機関では機密に触れる重要な話はしないのも、ソーシャルエンジニアリングによるセキュリティ事故を防ぐ1つの要素です。特に、地方の自治体では、飲食店での職員の会話の内容は周囲から思ったより目立つものです。

知っておきたいゼロトラスト

　最近よく聞く言葉の1つに「ゼロトラスト」というキーワードがあります。

　以前は、私たちがインターネットに接続して仕事をする際には、ファイアーウォールなど外部（インターネット）と内部（庁内ネットワーク内）の境界がはっきりと分離されており、私たちは内部を守るための出入口のセキュリティ対策に専念することで内部環境の安全を確保することができていました。先に解説した三層分離はそのような境界防御思想によって構築されています。

　しかし、システムのクラウド化やリモートワークの普及につれ、セキュリティによって守らなければならないデータ類がさまざまな場所に点在するようになりました。結果、守るべき境界があいまいになり、また、攻撃側の手口も巧妙になり、セキュリティインシデントも増え、2020（令和2）年のJPCERTコーディネーションセンターの資料では、2020年2月のセキュリティインシデントが1,800件だったのに対し、同年9月には5,500件と約3倍に増加していることが報告されています。いまや、境界の内部だからといって安心していられる状況ではなくなってきたのです。

　そこで「ゼロトラスト（＝何も信用しない）」概念が生まれました。庁内のネットワークであるかどうかにかかわらず、「信頼できる安全なネットワークは存在しない」とみなし、通信回線の暗号化や、端末（パソコン、タブレット、スマートフォン）の多要素認証、ネットワークに接続されている端末の統合的なログ監視などが必要となってきたのです。

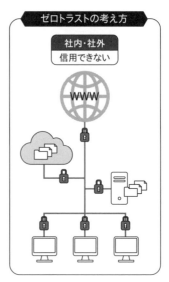

従来のセキュリティの考え方 / ゼロトラストの考え方

　また、ゼロトラストと同じく、最近よく聞くようになってきた情報セキュリティの要素の1つに「EDR（Endpoint Detection and Response）」があります。これは、クライアントPCなどのネットワーク上の機器の監視とログ分析や怪しい動き（ふるまい）をしているプログラムを検知することにより、サイバー攻撃のいち早い検知とインシデント対応、復旧を可能にするものです。

　このように、これからのネットワーク社会は数年で大きく変化を遂げていきます。特にこれからは「トラストサービス」と呼ばれる分野が情報セキュリティ対策の大きな要素となり得ます。

　IT業界は日進月歩ですが、特にサイバーセキュリティは動きが目まぐるしい分野です。日々のニュースやネット上の記事、関係機関、官民にとらわれない最新の情報に敏感になり、アンテナを高く立てて情報セキュリティ対策の情報収集に努めてください。

5

第5章

【シゴト4】
業務改革

Ⅰ 業務改革は重要な視点

　この章では、従来の情シスのシゴトから少し離れて、DX関連の話題から、業務改革について具体例を挙げながら進めたいと思います。第1章でお話ししたとおり、業務改革は情シスにとってとても大事な視点です。情シス初心者にはかなりハードルが高いと思いますが、ぜひ目を通しておいてください。

　さて、業務改革と聞いてどのようなものをイメージしますか？　仕事のやり方を簡単にしたり、楽にしたりするようなイメージでしょうか。

　「業務改革」。この言葉は、英語圏では「BPR（Business Process Re-engineering、ビジネス・プロセス・リエンジニアリング）」と表現されます。BPRをウェブで調べてみると、「業務本来の目的に向かって既存の組織や制度を抜本的に見直し、プロセスの視点で、職務、業務フロー、管理機構、情報システムをデザインしなおすこと。」※と書かれていました。でも、これでもなんだかよくわかりませんよね。

　そこで、自治体、特に基礎自治体である市区町村の引越し手続きの窓口業務改革を題材に、具体的に説明していきましょう。

　※出典：https://www.nri.com/jp/knowledge/glossary/lst/alphabet/bpr

Ⅱ 実際に業務改革をしてみよう

1 業務本来の目的を確認しよう

（1）現状を知る

　まずは現状を知らなければ始まりません。窓口サービスの提供者である職員が、窓口サービスを利用する際の利用者（住民）の一連の行動に着目し、利用者（住民）になりきって全体を体験する。いわゆる、カスタマージャーニー調査を行います。

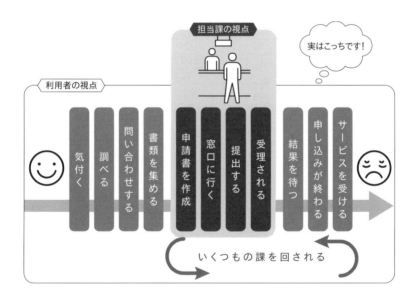

（2）課題を発見する

　職員が利用者（住民）の立場になって窓口を体験すると、利用者は、ずっと立ちっぱなしで手続きをさせられていたり、掲示物が多くて必要な情

報に目がいかなかったり、いくつもの部署を回されて転入手続きをするのに何時間もかかったり、住所や氏名を何度も申請書に書かなければならなかったり、窓口担当者が入れ替わり立ち代わり説明してくれても情報量が多くて覚えていられなかったり……などのいろいろな課題が発見できます。

窓口の内側の内部業務にも目を向けてみましょう。窓口で受け付けた申請書の移動ルートが執務室内での最短ルートになっていなかったり、動線が何本も交差して非効率な事務の流れになっていたりすることがわかります。

2　既存の組織や制度を抜本的に見直そう

（1）見直しを検討する

不要な掲示物やポスターなどを撤去して重要な情報に絞ることで住民向けの情報量を少なくするといった検討をはじめ、待合スペースや執務室内のレイアウト変更、発券機を導入して、順番待ちの整理や混雑状況の可視化、受付時に職員が申請書を代行して作成する「書かない窓口」、受付窓口を集約して一緒に受けたほうがいい手続きは、ワンストップで受け付ける「ワンストップ窓口」などの見直し案を検討します。

（2）職務権限を見直す

受付をワンストップにする場合は、何を、どこまで、ワンストップで行うかの検討をしたうえで、受付業務について集約対象の業務の担当部署から、受付を行う担当部署へ委任するように変更します。

（3）業務フローを見直す

窓口受付の方法を変更した場合は、受付後の業務フローも変わるため、業務フローを1から考え直します。

受付方法を、手書きの申請書から既存業務システムなどのデータを活用して職員が申請書を作成代行する方法に変更した場合は、窓口でおおよその入力データを作成します。そして、このデータをそのまま後方の業務システムに自動入力できるようになります。

（４）条例規則を見直す

　申請様式が規則等で規定されている場合は条例規則の見直しが必要です。様式の規定は、手書き申請書では便利でわかりやすい項目だったものも、オンライン申請やシステムを利用した受付が当たり前になった段階で改めて見てみると、様式を規定していることで申請フォームの項目追加や、見やすさの改良のたびに様式改正をしなくてはならなくなる非効率に気が付いたりします。このようなときは、許されるなら必要な項目だけ規則に列挙するなどをして様式自体は廃止してしまうほうがよいでしょう。

（５）デザインをし直す

①窓口のレイアウトを変更する

　受付・順番発券機をわかりやすい位置に設置して利用者の来庁の目的で分けたり、待合ロビーや執務室内を最短距離の移動で済むようにしたり、業務の流れが見えるようにしたりとレイアウトを変更します。

②業務フローを変更する

　受け付けた申請書を、データで処理するのか、申請書を打ち直して処理するのか、同時に受けた手続きの後処理を担当部署にどう受け渡すのか、関係部門と調整しながら業務フローをデザインし直します。

③情報システムを追加・改修する

　必要な情報を集約させる受付ができるような情報システムを追加し、既存業務システムのデータを利活用できるような改修などを行い、情報システムをデザインし直します（新規導入をする場合もあれば、リプレイスする場合もあります）。

　情報システムの新規導入や改修といった手段を取り、デジタル技術を活用して仕事のやり方を改革する、業務改革までを遂行することがデジタルトランスフォーメーション（DX）です。システムは、あくまでも業務遂行のためのツール、手段の1つであることを忘れず、手段が目的化しないように気を付けましょう。

なぜ業務改革が必要なのか

1　その仕事、見直しませんか？──職員数は減少傾向

　以上のように業務改革を行うと、利用者（住民）の手続き負担の減少が実現できます。また、職員も受付の正確性が増すことで業務負担の軽減につながります。

　業務改革をやらない理由はありません。しかし、簡単に今までのやり方を変えることはできず、なかなか実現できないのも事実です。特に本章で例に挙げている窓口業務部門には、目の前の仕事が忙しすぎて業務改革などやっている暇はないと思っている職員が多い傾向にあります。

　そもそも、なぜ窓口業務の部門は忙しいのでしょうか？

　原因は複数ありますが、大きく影響しているのは日本全体の少子高齢化による「社会保障費の増大」、「税収の減少」、特に「生産年齢人口の減少」です。高齢化が進行し、行政需要は確実に拡大していますが、その一方で、総務省「地方公共団体の総職員数の推移（昭和40年〜令和3年）」参考資料によれば、総職員数280万661人（令和3年4月1日現在）で、自治体職員数は1994（平成6）年のピーク時から48万人減少しています。

　今、仕事が忙しすぎる理由は、以前よりも少ない職員数にもかかわらず今まで以上の業務を行わなければならない状況であるのも一因です。

自治体の総職員数の推移

> ○　総職員数は、対前年比で３８，６４１人増加し、２８０万６６１人。
> ○　総職員数は、平成６年をピークとして、平成２８年まで一貫して減少。
> 　　その後、横ばいから微増傾向が続く。

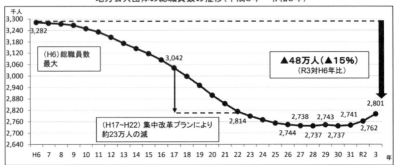

地方公共団体の総職員数の推移（平成6年～令和3年）

出典：総務省「令和３年地方公共団体定員管理調査結果の概要」Ｐ１

　今後も職員数の増加は見込めず、人材は官民で取り合いになり（上の調査では、近年でも福祉関係を除く一般行政はむしろ微減）、業務はさらに増える一方です。このような状態に陥っている現在、これまでの仕事のやり方のまま進めるわけにはいかないでしょう。

> ➤　人 は 減 り
> ➤　仕 事 は 増 え
> ➤　忙 しくなる一方です。
>
> 　**今 の ま ま の 仕 事 の や り 方 を 続 け ま す か ？**

2　業務改革における情シスの役割

　業務改革に取り組みはじめると、一時的に業務負担が今より増えることは確かです。しかし、従来の仕事のやり方を続け、マンパワーだけで乗り切れる状況ではなくなってきています。今できるところから改革を進めましょう。

　業務改革は、改革の全体的な統制を企画部門や行政改革部門が担い、進めていくことが多いでしょう。情シスの役割は、この抽象的な窓口改革のような目標を、実現可能な改革へと落とし込むアイデアを出し、動くことです。窓口課の困りごとや課題を聞き取って、その解決に役立つ方法やITサービスを提案し、庁舎内のIT環境を整備するといった後方支援をしていきましょう。

3　始める前に知っておきたい業務改革のコツ

　情シスのシゴトには、ITの導入や運用があるため、業務改革でもITサービスありきで業務改革を考えてしまうという落とし穴があります。しかし、「ITサービスありき」で業務改革を進めてしまうと、多くの場合、失敗をしてしまいます。

　手段を目的化するというありがちな失敗に陥らぬようにするため、業務改革は目標をきちんと定義し、何から始めるかなど明確な戦略を立てることも、業務改革をサポートする情シスの重要な視点です。

（1）情報感度を高めよう

まずは情報収集です。この情報収集には、次のようなものがあります。

自治体の状況関連	ITサービス関連
担当部署の課題	自治体内の現況
業務環境の満足度	新たなテクノロジーの情報
先進自治体の取り組み状況	セキュリティに関する情報

ほかにも、国の動向など集めておくと、業務担当部署から相談がきたときに情報提供ができ、課題にマッチした解決策の提案ができるようになります。

そのためには、常日頃から、いろいろなことへの情報感度を高め、情報収集することを心がけましょう。すべて自分で調べて多くの情報を入手するのは大変です。有力な情報が自動的に入ってくるように、同じような立場の人が多く参加しているSNSや動画配信サービス、リアルイベントなどを活用しましょう。そのつながりがきっかけで、組織の内外にかかわらず協力してくれる人が見つかるはずです。

有効なツールの代表例

SNS	● (自治体向け)デジタル改革共創プラットフォーム ● Facebook ● Twitter ● LoGo チャット UG(ユーザーグループ)
動画配信サービス	● YouTube ● Instagram
リアルセミナー・イベント	● 市町村アカデミー研修 ● 自治大学校研修 ● J-LIS 教育研修 ● J-LIS 地方自治情報推進フェア

（2）現在地を確認しよう

　情報収集をしているうちに、自分の自治体の現在地が見えてきます。分野によって、先進的に取り組んでいる点もあれば、遅れがある点があります。自分の自治体の立ち位置が見えていると、業務改革の際、どこから取り組めばいいのかがわかります。そのため、現在地の把握は大切です。

（3）業務改革は順番が肝要

　窓口改革の場合、オンライン申請を増やして窓口に来なくても手続きができるようにしようと考える人が多いと思います。そこで、単にオンライン申請システムだけ入れて内部業務を今までどおりの仕事のやり方のままにしてしまうと、オンライン申請されたものを紙に印刷して処理することになり、かえって業務量が増えてしまいます。これでは業務がまったく改善されません。

　このとき、たとえば、窓口受付業務を、紙ではなくデータで処理できるように受付管理システムを先に導入して、データを受け取れる受け皿を最初に用意してから、オンライン申請システムを導入してはどうでしょう。そのほうが効率的な業務改革が実施できます。

（4）事前準備をしよう

　業務改革を進める際は、関係者に相談もせずに、行政改革部門だけ、

情シスだけで方針を決めないようにしましょう。素案段階から関係者にどんどん相談しながら、横断的なプロジェクトチームをつくって進めるのが成功の近道です。

　プロジェクトチームが立ち上がったら、情シスは、行政改革を進めるために理想を追いかける行政改革部門と、窓口サービスを実際に提供している課題満載な窓口部門の間に入って調整役として動きます。

　プロジェクトチームで窓口サービスの課題を正しく把握できたら、今度は実現可能な解決策を考えます。ゴールはさまざまにあるはずです。繰り返しますが、ここでITのツールありきで進めてしまうと業務改革は失敗します。必ず、課題の把握から行いましょう。

（5）徹底的に利用者目線を体験しよう

　業務改革をするときに大事にしてほしい視点があります。それがカスタマージャーニーです。カスタマージャーニーとは、直訳すると「顧客の旅」という意味で、顧客がサービスを発見し、そこからサービスを受けるための準備をし、サービスを受けるまでの道筋のことです。

　自治体の場合は、顧客は利用者です。徹底的に利用者目線を体験するときの手順は次のとおりです。

　　　①ペルソナを設定する

　　　②ユースケースを定義する

　　　③ペルソナの行動・心理をすべてメモする

　　　④対応策を考える

　　　⑤改革の優先順位を付ける

　　　⑥改善・調査を繰り返す（③〜⑤）

　ペルソナとは具体的な人物設定です。窓口業務改革の手法として近年よく使われているカスタマージャーニー調査の場合では、世帯の構成や

世帯員各人の行政サービスの利用状況などを設定します。

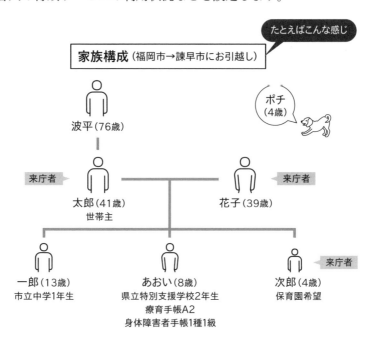

家族構成（福岡市→諫早市にお引越し）

たとえばこんな感じ

ポチ
（4歳）

波平（76歳）

来庁者　太郎（41歳）
世帯主

花子（39歳）　来庁者

一郎（13歳）
市立中学1年生

あおい（8歳）
県立特別支援学校2年生
療育手帳A2
身体障害者手帳1種1級

次郎（4歳）
保育園希望　来庁者

　ユースケースとは、転入や住民票の請求、おくやみの手続きなどの具体的な窓口に訪れる利用者の場面設定です。

　ペルソナとユースケースが決まったら、利用者の旅に出ましょう。気付いたことは、何でもメモして、時間を計ってみます。万歩計で歩数を計るのも有効です。旅なので写真や動画を撮っておくのもいい思い出（資料）になります。特に写真や動画は、改善後に客観的に振り返ることができるのでおすすめします。

　さらに、カスタマージャーニーは、一度やって終わりにせず、新人職員の研修に盛り込むなど改善・調査を継続的に繰り返すと効果絶大です。

カスタマージャーニーの様子

COLUMN　あなたは、自社製品を使ったことがない営業職からモノを買いますか？

　カスタマージャーニーをするのは、自動車販売店の営業が自社で販売している車に乗ったり、使ったりするのと一緒です。顧客にオススメするために自分で使ってみないことには、よいところも悪いところもわかりません。顧客の気持ちに寄り添うこともできません。そこで、顧客の旅に出るのです。ぜひ実践してみてください。カスタマージャーニー調査のやり方を説明した資料は、「（自治体向け）デジタル改革共創プラットフォーム」内の「＃自治体窓口業務改革_行政手続オンライン化」のチャンネル内で公開されていますので参考にしてみてください。

カスタマージャーニーからの小さな改革

　税金の支払いを納付書で払ってもらうのに比べ、口座振替なら自治体が支払う手数料は１回あたり1/6で済みます。また、口座振替なら納期限支払いが促進できることもあり、税務部門の職員は、前々から口座振替にしてほしいと考えていました。ポスターやチラシ、封筒に口座振替のお願いを印刷して掲示したり配布したりしていましたが、一向に口座振替の利用者が増えません。そんなとき、納税者の行動変容を促すにはどうしたらいいのでしょうか？

　そこで、まず自分で口座振替の申込を体験してみることから始めてみました。やってみたところ、申込手続きのためにわざわざ休暇を取って金融機関の窓口に行かなければいけないことに気づきました。とても面倒です。役所の窓口で口座振替をすすめられたのに、金融機関でしか申込ができない状況でした。

　そこで、口座振替の申込も、役所の窓口でキャッシュカードとサインだけでできるようにしました。あわせて、新規口座振替キャンペーンを開催して、新規申込者に市内で利用できる電子地域通貨のポイントをプレゼントすることにしました。

　すると、前年の約２倍の口座振替申込を達成することができました。

　そして、この配ったポイント分の経費も10回目の口座振替でちょうど付与ポイント分の手数料が削減され、その後はプラスに転じます。浮いたお金は、電子地域通貨の運営コストに充てていくことになっています。さらに、地域通貨は自治体内のみで流通するお金なので、街のお店で使ってもらって地域の商店も潤います。

　おまけに、収納が現金から口座振替でキャッシュレスとなり現金を取り扱うコストが削減され、多く払いすぎた税金も同じ口座に直接振り込むので、内部事務がデータで処理できるようになり業務効率化もできました。

　こんな活動は、税務部門や料金担当部門の現場職員だけでは実現できません。情シスや地域通貨担当部門とのタッグがあればこその改革です。

　筆者が大事にしている言葉、

　「窓口改革でユーザーの体験を変えたい！

　ユーザーとは、お客様だけでなく、自治体の職員も含まれる」

を体現できた出来事でした。

（6）サービスデザイン思考で考えよう

　カスタマージャーニーと同じように、利用者のニーズから考えるサービスデザイン思考というものがあります。イギリス政府の国民向けオンラインサービスの刷新を目的として、2011（平成 23）年に設置された Government Design Service は、次のようなデザインの原則を策定しています。

---

1. 利用者のニーズから始める

2. やらなければならないことだけやる

3. データを用いてデザインする

4. シンプルにすることに全力を注ぐ

5. 反復し、また反復する

6. 誰でも使うことができるものとする

7. 文脈を理解する

8. ウェブサイトを作るのではなく、デジタルサービスを作る

9. 統一させるのではなく、一貫性を持たせる

10. オープンにすることで、より良いものとする

　この原則は、業務改革を進めるうえでとても役に立つ内容です。日本でも行政サービスのオンライン化は今まで以上に加速することが想定されるため、使われない IT サービスができあがらないようにサービスデザイン思考を取り入れていきましょう。

（7）プロジェクトチームをつくる

　業務改革を進めるうえでプロジェクトチームの存在は欠かせません。

カスタマージャーニー調査の実施やサービスデザイン思考での業務見直しを考えはじめると、1つの課だけ、1つの部門だけでは課題解決ができないことがわかってきます。事務分掌でそれぞれの仕事の範囲が明確に決まっている自治体という組織の中で、横断的な課題解決ができるのは組織横断的なプロジェクトチームしかありません。

　課題抽出時点で協力に不可欠な組織が見えてくるため、課題解決したい重点分野の職員に参加してもらうのがよいでしょう。

　以下は、窓口業務改革を行う際のプロジェクトチームのメンバー構成案の一例です。

全体調整	企画部門	● 企画課 ● DX 推進課 ● 行政改革課
IT環境整備、セキュリティ	情報システム部門	● 情報システム課 ● ICT 推進課 ● DX 推進課
課題抽出、運用 変更検討	窓口部門	● 住民課 ● 保険年金課 ● 税務課 ● 保健センター ● 子ども課 ● 学校教育課 ● 介護保険課 ● 福祉課

　なお、窓口改革のように関係する所属が多いプロジェクトでは、転入や出生などライフイベントを1つ決めて、スモールスタートで始めると失敗につながりにくいでしょう。

　転入イベントでスモールスタートをする場合は、企画部門、情シス、住基部門でプロジェクトチームを組むことで動き出せます。

　プロジェクトチームでの情シスの役割は、理想と現実からデジタル技術面で実現可能な業務改革案を提案することです。

それぞれの立場と意見の一例

部門	立場	意見
企画部門	● 理想的な窓口改革の絵を描く ● 効率的な行政サービスの提供	● 働き手が減り、現状のサービスを維持することさえ困難になります。 ● できるだけ少ない職員数で運用しなくてはなりません。 ● 窓口は、人手でやらなくてもいいところは、デジタル技術で補いたいです。 ● 手続きの数が多い証明書発行事務を効率化の対象としたいです。
住基部門	● 現実的意見の発信 ● 住民に優しく、わかりやすい窓口の実現	● 申請書を自分で書けない人が多く、フロアアドバイザーに書き方を教えてもらうための列ができています（申請内容の補記が多い）。 ● 証明書発行は1件あたりの所要時間が短く、既存住民の手続きがメインであまり困っていません。 ● 届出の受付は1件あたりの対応時間が長く、オペレーションもスキルが必要で、大変だから改善したいです。
情シス	● 実現可能な改革案を提案 ● 書かない窓口の導入	● 証明書も届出もデジタル改革の対象とします。 ● 住民の保有データを利用して、手書き申請ではなく、データ入力で申請受付を簡素化します。 ● 職員向けガイダンスを窓口のPCで見られるようにして、窓口受付を正確でスピーディなものにしましょう。 ● 将来的に、本人確認がマイナンバーカードとスマートフォンで容易に実現できる世界になったら、セミセルフな窓口の実現を目指しましょう。

COLUMN　プロジェクトチーム

　約500社の企業や経営に携わり「日本資本主義の父」と称され、約600の社会公共事業、慈善活動などの支援に尽力し、2024（令和6）年度から1万円札の肖像にもなる渋沢栄一が、短期間で数々の偉業を成し遂げられたのは、プロジェクトチームの存在があったからと伝えられています。自らが経営の主導権をすべて握ろうとせず、株式会社の設立に関わり続けたからこそ同時にたくさんのプロジェクトを成功させることができたんですね。

（8）アナログな職場改革から始めよう

　重ねて、アナログな職場改革を実践する必要もあります。アナログな職場改革とは、手続きの情報を整理して、業務の流れを見直し、部署間の連携をスムーズにしたり、動線やレイアウトの見直しをしたりすることです。「なぜ、アナログな職場改革から始めなければならないのか？」と思うかもしれませんが、ただITサービスを導入するだけでは、業務改革は成功しないからです。ITサービスが入ったときにスムーズに業務ができるように、まずはアナログな職場改革から始めましょう。

●アナログな職場改革の例

- ・業務の工程に沿ったチェックシートを作り、ミスを減らす
- ・申請様式をパターン化して、統一的なレイアウトにする
- ・ライフイベントごとに窓口手続きの案内を作る
- ・窓口で提供しているサービスのメニュー表を作る
- ・処理の優先度に応じて、書類を入れるクリアファイルの色を変える
- ・Q＆A集を作る
- ・マニュアルを作る　　　など

　なんとなくやっている仕事をテキスト化しておくと、最終段階であるITサービスを入れる際に、テキストで整理した内容をそのままデジタル化すればよいこともあるので、ぜひアナログな職場改革から始めるように声をあげてください。

（9）ITの導入は最後

　（1）〜（7）を実践してようやく、ITサービスを導入する準備ができた段階に入ります。ここからは情シスがメインになって、どんな課題をITの導入で解決したいのかを検討していきます。課題解決を実現す

るには、実際にITサービスを利用する職員や利用者の意見を反映させたITサービス導入の仕様書を書けるかどうかで結果が左右されます。

ITサービスの調達方法はいろいろありますが、最近はプロポーザルによる選定が多い状況にあります。プロポーザルとは、前章で解説したとおり、RFP（提案依頼書）にやりたいことを書いて提示し、それに対して複数の事業者に企画を提案してもらい、その中から優れた提案を選定する方法です。

このプロポーザル実施で重要となるのが、RFPにある仕様の項目です。そして、RFPの作成だけではなく、プロポーザルの事務局として日程調整や募集要項の作成、当日の運営などを行うのも情シスのシゴトです。

ここまで読んできて、「これ全部を情シスでやらなければならないのかぁ……」と頭を抱えたあなた。あなたは、とてもまじめな人です。

その懸念のとおり、業務改革は情シスだけではできません。業務改革はプロジェクトチームで行うのが理想です。その中で情シスが担当するのは、セキュリティ面の検討や情報システムの調達、パソコンやネットワークなどのITサービスが働く環境の整備がメインです。それ以外は役割分担をして進めましょう。

（10）交渉・調整の指揮をとろう

業務改革にはさまざまな部署が関係します。窓口業務改革であれば、情シスをはじめ、窓口部門の職員、庁舎管理部門の職員、行政改革部門の職員などです。立場が異なるため意見も多彩です。意見がぶつかることも多々あります。むしろ、「意見の相違がない」なんてことはありません。情シスは関係者間のクッションとなって、理想と現実、そして実現可能性を見極めを共有し、同じ目標に立ち向かう改革案を提案する大事なポジションを担います。

庁内でITをまったく使わない業務はほぼないため、情シスのシゴト

は、庁内のすべての所属に関係します。そこで、庁内のできるだけ多くの職員と常日頃から気軽に話ができるように心がけて、積極的にコミュニケーションをとるようにしましょう。

　最初は、挨拶をするところから始めて、部署の近くを通りかかったときは「何か困りごとはありませんか？」、「最近どうですか？」と声を掛けてみます。少し立ち話をするのもいいですね。そして、御用聞きのように庁内を歩き回って話を聴きましょう。こうして、何でも話せる間柄になっておくと、業務改革がスムーズに進むようになります。

　課題は現場から吸い上げるしかありません。行政改革部門や情シスが机上であれこれ考えていても本当の課題は見えてきません。関係各部門と二人三脚、三人四脚で進めましょう。

　その際、決して業務改革の詳細を先に決めてしまわないように注意してください。現場抜きに業務改革の内容を決めてしまって、「後はよろしく！」では必ず不満が噴出します。「仕事を押しつけられた」と受け取られ、思うように進みません。また、現場の課題と解決策が合わない状態にもなりやすいので、必ず最初から現場の意見を取り入れて、目標とする業務の姿を共有してください。こうすることで、業務改革に前向きに取り組んでくれる職員が出てきます。関係者とたくさん検討をして、どんどん巻き込んでいけたら、業務改革はとても楽しい仕事です。

（11）仲間をつくろう！

　繰り返しますが、情シスのシゴトは、組織内のすべての人にかかわるシゴトといっても過言ではありません。言い換えれば、幅広い分野を担当するため、1人だけでは業務改革ができません。

　そこで、仲間をつくりましょう。あなたが働くこのマチ、ムラをよりよくしたいと思っている同志を見つけて、話をするところから始めてください。仲間になってくれる人は、組織内の人だったり住民だったり、

他の自治体の職員だったり事業者さんだったりします。仲間づくりの範囲を小さく限定せず、つながれるところから始めてみましょう。

　民間企業は、同じ業種の他社はライバル企業のため、民間企業同士で協力することはできません。これに対して自治体同士は、協力しやすい環境があります。特に基礎自治体で考えると、さまざまな特徴を持った支店が1,718（市区町村）あるようなものです。それぞれの自治体のよさがあり、先進的な取り組みをしている自治体の情報も自然と入ってくる慣習があります。優れた取り組みを真似して自分の組織でもやってみることを「横展開」と呼び、自治体の取り組みは横展開が可能です。

　ゼロからすべて考えるのは大変です。同じ生みの苦しみを経験する必要はありません。民間にはない、協力し合える間柄を最大限利用して、よいことは真似して、できるところから始めて、動き出してみましょう。最初から全部は難しいからこそ、スモールスタートで進めます。

　内部だけでは難しい場合や専門的に知識が不足していて説明ができない場合は、外部人材に手伝ってもらう方法がいくつかあります。

・方法①：予算を確保してコンサルタント業務を委託する

・方法②：総務省　地域情報化アドバイザーの派遣の活用

 総務省「地域情報化アドバイザー派遣制度」
URL https://www.soumu.go.jp/menu_seisaku/ictseisaku/ictriyou/manager.html

・方法③：デジタル庁　オープンデータ伝道師の派遣の活用

 デジタル庁「オープンデータ」
URL https://www.digital.go.jp/resources/open_data/

・方法④：J-LIS　地方支援アドバイザーの派遣の活用

 J-LIS「地方支援アドバイザーの派遣」
URL https://www.j-lis.go.jp/spd/adviser/adviser_gaiyou.html

　業務改革を進める際は、内部の職員に何度伝えても聞いてもらえなかったのに、外から来た人がいうと「すばらしい、ぜひやりましょう！」となることがよく起こります。

　なかなかうまく進まないと思ったら、外部人材の力を借りるのも1つの手。いろいろな仲間と一緒にチャレンジしましょう。

（12）予算書を見てみよう

　情シスに配属されたら予算書を眺めてみてください。最初は何が書いてあるのかまったくわからないかもしれません。わからない単語や内容は、遠慮なく先輩や同僚に聞いてみましょう。先輩や同僚が説明してくれるときの言葉さえもまったく理解できないかもしれませんが、情シスで日常的に使われる言葉は専門用語が満載ですから、当然です。そんなときは、聞き流したりわかったふりをしたりせずに、「わからない」と素直に聞き返してください。

　予算書を見ると、1年間の事業が大まかに把握できます。あわせて、昨年度の事務文書も目を通してみて、わからない言葉や内容をメモして調べたり教えてもらったりしてください。いきなり、多くの新しい用語は覚えられないと思いますから、あまり無理をせず疑問に思ったものから1つずつ勉強していきましょう。

　事業によっては、国等からの補助金や交付金が充てられているものがあります。補助事業名がわかれば、これについても調べてみましょう。こちらもすべてを覚える必要はありません。調べて、ある程度理解できればそれで大丈夫です。

4　業務改革に終わりはない！

　業務改革は一度やったら終わりではありません。改革をしたときは最善の方法だったかもしれませんが、それを運用しはじめた段階から陳腐化が始まります。業務改革は、継続的によりよいものに変えていくことです。関係者が多ければ、調整が大変ですし、初めてのことであれば悩むことも多々あると思います。しかし、そこを乗り越えて形になったときの達成感は格別です。

　なお、業務改革は情シスだけのシゴトではありません。どこの部署でも必要とされている業務ですが、今のままを続けていることが仕事、プロフェッショナルだと思い込んでいる職員も意外と多いです。そのような職員に対して相手の心に響く改善に役立つヒントやツールの情報を提供できるように、情シスは、情報の引き出しをたくさん蓄えておけるように心がけましょう。

　最後にまとめとして、大切なことをもう一度。

　業務改革は、

STEP1　利用者の視点から始めよう！（現状を知る）

STEP2　プロジェクトチームで課題を正しく把握して挑もう！
　　　　（推進体制をつくる）

STEP3　スモールスタートでアナログな職場改革から始めよう！

STEP4　STEP1 に戻って、改善を繰り返そう！

です。

　これらは、情シスを卒業した後でも、あなたの財産にきっとなるはずです。ぜひ前向きに取り組んでみてください。

COLUMN　てくてく庁内散歩

　情シスは、特に用事がなくても庁内を散歩できるようになろう！　庁内のすべ
ての所属に、気軽に話しかけられる人をつくれたら楽しいと思いませんか？　そ
こからタイムリーないろいろな情報が入ってきます。もちろん、課題もたくさん
入ってきます。その課題と、利用できそうなアイデアを結び付けられたら、立ち
話も悪くない。庁内散歩は、情報収集だけでなくコミュニケーションを円滑にす
るツールです。ただし、散歩ばかりしていてはいけませんよ！

6

第6章

【シゴト5】
人材育成

あなたの自治体の情シスには職員が何人いますか？　自治体の規模に
よってその人数は異なるでしょう。小規模自治体の場合は、１人でやっ
ているケースもあるかもしれません。

　ところで、情シスでの在籍年数、異動のスパンはどのくらいですか。
自治体では一般的に３〜５年ごとに異動がある一方で、「もう20年以上
も１人で担当している」という先輩もいるかもしれませんね。

　たとえば、１人で情シスを担当していて３年ごとに異動がある状況を
想像してみてください。後任は、ITのことをまったく知らない人材です。
後任は、聞いたことのない用語、コンピューターやネットワークの仕組
みなど諸々をこれから勉強していくことになるでしょう。また、事業部
門で管理しているシステムの把握と、情報資産管理も行いながら予算獲
得も待ち受けているとしたら……。「自分がいないとうちの情シスは回
らないよ」という前任者の姿を見てきた人も多いのではないでしょうか。

　役所は、基本的にゼネラリスト（幅広い知識に精通した多角的な視点
を持つ人材)が求められます。民間企業のように業務に特化したスペシャ
リストを育成する仕組みを取り入れている自治体はまだまだ少なく、多
くの自治体ではまったく別の部署に異動になることはよくあることです。
昨日まで福祉部門にいた人でも明日からはコンピューターやサーバーの
管理をしなければならず、コンピューターのことが全然わからないのに
専門的な技術を処理しなきゃいけないなんて無理と思うのも当然です。

　しかし業務ですから、前任と同じような業務が求められます。ここで
は、①新任・異動でITに詳しくない自分が情シスに配属になったとき、
②ITに詳しくない新任者・異動者が情シスに配属になったとき、の双
方における「IT人材のなり方」をお話しします。どうしたらITの「わ
からない」世界と仲良くなれるのか、前向きに考えてみましょう。

Ⅰ IT知識を身につける

1 記録する、メモする、興味を持つ

　まず、毎日の仕事の中で出てきた処理や、初めて接した言葉の記録をつけてみてください。初めて出てきた言葉は、その意味を調べて記録しておくとよいと思います。仕事の記録になるうえ、自分の知識の定着化につながります。

　次は、接した言葉に興味を持ってみてください。「この技術はどのような仕組みになっているのだろう」、「どのように使うのだろう」と興味を持ってみると、日常のふとした瞬間にその技術に関する出来事やニュースに敏感に反応できるようになります。すると、その言葉が今度は確かな知識として頭の中に入ってくるはずです。

2 仕事をマニュアル化する

　たとえば、第3章でお話ししたソフトウェアのインストールやパソコンのキッティング（パソコンなどの導入時に実施するセットアップ作業）、サーバー類のログ管理など、定期的に発生する業務については、自分自身でマニュアル化しておきましょう。マニュアル化することで手順の整理ができます。あわせて、業務の見直しもできるかもしれませんね。

　また、事業者から納品された手順書から日々の運用に必要な事項をピックアップすることで、より実務に即したマニュアルへと発展させることができます。「次の人への引き継ぎ書となるか」の視点でもマニュアル化をしてくださいね。

さて、ここまではどこの部署でもほぼ同じ、変わらない心構えだと思います。続けていきましょう！

3　専門書を読む、IPA の試験を受けてみる

最初はわからない単語ばかりの毎日だと思います。1～2か月して業務に慣れたきたところで、専門書を読んでみましょう。たとえば、「IP アドレス」という言葉を例にすると、IP アドレスの体系、使用される際のプロトコルの種類、OSI 参照モデル、ネットワーク機器の名称、ネットワーク階層（L2、L3）……と、調べていくにしたがってどんどん知識が広がってきます。今まで「点」でしか覚えていなかった言葉が「線」での知識につながることを体感できるはずです。

次は、IPA（独立行政法人情報処理推進機構）の情報処理技術者試験を受験してみましょう。これは経済産業省認定の国家資格です。初めて情シスに配属された方は同じく IPA が実施する国家資格「IT パスポート試験」から始めてみるとよいと思います。業務に慣れてきたら、基本情報技術者試験やネットワークスペシャリスト試験など、高度な分野の試験を受験するのもよいですね。

資格試験には、IPA だけではなく、国内・国外の各種団体の資格やマイクロソフトやシスコなど主要な IT 企業が主催する民間技術者認定資格試験もあります。これらを学習することにより、製品はもとより技術の勉強にもなります。

民間では、このような技術的な国家資格や民間資格を取得する際に受験料の補助が出たり、合格した際には奨励金や手当の支給、人事評価の加点などをしたりする企業もあるようです。自治体ではこのような制度はまだまだ少ないかもしれませんが、これからの IT 社会を乗り切るためには資格は大きな武器となりますから、自分への投資だと思って積極的な取得をおすすめします。

勉強するにつれて、どんどん新たな知識が身につき、ベンダーの SE との会話も弾むようになりますし、資格を持っていることでベンダーからも一目置かれるなどという効果も期待できます。

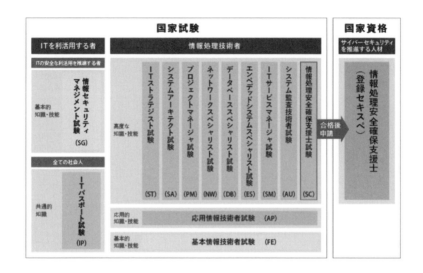

出典：情報処理推進機構ホームページ

4　外に出てみよう

　これまで何度もお話ししていますが、とても大事なことなのでしつこく繰り返します。ある程度、業務に慣れてきたら、役所の外に出てみてください。外というのは、単なる屋外ではありません。新しい技術の展示会や勉強会、皆さんと同じ「情シス」の仲間が集まる場です。仲間は、近隣市区町村の職員だけではありません。全国で 1,700 を超える自治体や官公庁の情シス職員です。皆、同じような仕事の悩みを抱えています。

　SNS の世界でも、同じような情シスの仲間が集まるグループがあり、活発な情報交換が行われています。また、そこでは「オフ会」と呼ばれる、全国自治体の情シス職員の交流会も開催されています。このような場に

も進んで参加して挨拶し、「外の世界」である他自治体の現場を見て視野を広げ、全国の仲間を増やしてほしいと思います。

　外に出ず、自分の自治体だけに籠ってしまうと、気が付けば世の中の潮流についていけず、「井の中の蛙」になってしまうかもしれません。組織の中では「ITに詳しい人」と思われていても、外に出ればいい意味でも悪い意味でも平凡ないち地方公務員です。自身を確かめる目的でも、積極的に外に出て人脈と視野を広げる努力をしてみてください。そこから、ひょっとしたら皆さんの自治体の取り組みの講演依頼や専門誌への執筆依頼が来るかもしれませんよ。そういう形で、自分の仕事が外の世界でも評価されるのはうれしいことですよね。

　皆さんは1人ではありません。全国で同じように悩みを抱えている情シスの仲間がいます。ぜひ外に出て、全国の仲間とつながりを持っていただきたいと思います。

　また、毎年開催されるJ-LISフェアや、システムの展示会に足を運んだり、最新の技術動向を無料で視聴できるウェビナーも増えてきているので、ぜひウェビナーの活用を検討したりしてみてください。時々やってくるベンダーやメーカーの営業からの情報だけでは、この速い技術の変化の潮流についていけなくなります。

Ⅱ 情シスとDX推進

　情シス課員の人材育成は、他の役所内の業務と比較すると、やや難易度が高いように推察します。その理由は、法令に基づいた定型的な業務に加え、日々進化する情報技術をタイムリーにキャッチし、庁内の業務に適用させていかなければならないからです。「はじめに」で述べたとおり、情シスは自治体業務の総合格闘技なのですから。

　技術面だけではありません。国の進めるデジタル政策の情報収集はもちろん、その政策について、自分の自治体ではどの部門が所管し、誰が中心となってハンドリングしているのかの把握もしておかなければならないでしょう。「鳥の目」という言葉があるとおり、国や庁内の施策を俯瞰的にとらえる視点と、施策をIT投資計画に基づいて適正に方向転換していく視座も必要です。

　また、ここ数年、自治体でも行政のDXの取り組みが進んでいます。

　今までの庁内ITの保守・運用業務だけではなく、自治体業務のDXについて推進していく体制が求められます。ITの運用・保守要員のスキルとDX推進のスキルは、似て非なるものかもしれません。ここでは、情シスの人材育成とDX推進部門の人材育成、2つに分けて説明していきたいと思います。

1　情シス部門の人材育成

（1）自組織で情シス担当を育成するケース

　あなたの自治体の人事異動のローテーションが3年程度の短期間で行

われるのであれば、次の異動時期を見据えて、計画的に皆で情報共有（引き継ぎ）をしていくしかありません。

　一方で、小規模自治体等では1人の職員が何十年も情シスの担当者となることは珍しくないようです。このように、1人で何十年も担当しているケースでは、急な病気になるなどして業務が滞る可能性も否定できません。担当者の年齢などの面も考慮し、次の世代を育成するための人事配置を、人事課に早めに相談をしなければなりません。

　また、情シスは、日々、現場からのトラブルや質問対応に追われます。その負担を軽くするためにも、各部門に数人ずつ「サポート担当」を置くことが好ましいです。

　情シスは、各部門のサポート担当に対して、庁内のネットワーク構成、パソコンの基礎的な操作方法、セキュリティ対策の研修を行います。その研修を受けたサポート担当は、各課で生じる簡単な操作や設定の質問に対応するものです。この仕組みにより、情シスのメンバーの負荷がぐっと減ることが期待されます。この体制を一から作りあげるのはとても大変なことですが、先に挙げた、人的ネットワークを使った他自治体の成功事例をもとに作戦を練ってみましょう。

　また、庁内のグループウェアなど、職員が日々目にするツールの掲示板に、システムトラブルの対処マニュアルを掲載しておくのもいいですね。これらは、情シス内部だけではなく広く庁内のIT人材を育成する効果もあります。

（2）外部から採用するケース

　最近は、民間でのIT業界経験者を自治体の情シス担当として中途採用するケースが増えています。このケースは、基本的なITの知識を持つ即戦力となるため、人材育成の面からは非常に効率がよいように思います。ただ、IT業界での経験が行政でそのまま活かせるわけではあり

ません。行政は法に基づく事務を行い、情シスはそれをサポートします。そのため、民間で養ったプロジェクトマネジメントスキルやシステム設計スキルが実務で発揮されにくいこともあります。自治体は制度や文化が特有なので、なじんでもらえるよう情シス内でフォローするようにしましょう。

　残念なことですが、受け入れ側の自治体組織がスペシャリスト人材の育成制度や専門職制度を取り入れていない場合は、「IT人材」として雇用しても、数年後には窓口業務に異動ということも十分に考えられます。また、昨今はIT人材が市場でも奪い合いになっており、募集をかけても応募がないという自治体も見受けられます。

　いずれにしても、外部から人材を採用するケースでは、人事部門との連携を密にして、早めの募集計画の策定と採用後の人事のあり方を決めておく必要があります。

2　DX推進部門の人材育成

（1）外部人材を活用するケース

　一般企業において副業が解禁されはじめました。その結果、「タレント」と呼ばれる自分の強みを活かして、自治体のデジタル化やIT関連の助言の副業を行う人材が増えはじめています。また、都道府県などが主導して複数のDX人材に委託し、都道府県下の市区町村にアドバイザーとして派遣する事業もあります。

　従来からの総務省の地域情報化アドバイザー事業に加えて、現在はさまざまな形態で外部人材のヘルプを得られる環境が整いはじめています。2022（令和4）年9月には、総務省「地方自治体のデジタルトランスフォーメーション推進に係る検討会」の検討を経て「自治体DX推進のための外部人材スキル標準解説書」がまとめられ、目的に対して必要なスキルレベルが明文化されています。

【自治体DX外部人材スキル標準について】

- 自治体DX推進に必要とされる人材像を**4つに分類**し、それぞれが備えることが望ましいスキル等を記載。
- 各自治体が、4つの人材像全てについて外部人材を任用することを想定しておらず、各自治体が、**必要な部分をニーズに応じて選択**することを想定。

人材像	役割	備えることが望ましい主なスキル等
(1) プロデューサー（CIO補佐官等）	・全庁的なデジタル変革を主導する。	・国の政策動向に関する知見、全体方針立案
(2) プロジェクトマネージャー	・各プロジェクトの企画・推進を行う。	・企画構想、スケジュール管理、コスト管理
(3) サービスデザイナー	・各プロジェクトにおけるサービス・業務の設計を行う。	・業務改革、サービス設計、UI・UX
(4) エンジニア	・各プロジェクトにおけるテクノロジーの実装を担う。	・RPA、ローコード等に関する知見

出典：総務省「地方自治体のデジタルトランスフォーメーション推進に係る検討会」（第11回）資料2から抜粋

　そして、なにより大切なことは、このような外部人材にどのように活躍してもらうかです。外部人材に依頼する業務には次のような例が考えられます。

　①現状のIT環境のアドバイスをもらい、次期システム構築の根拠とする

　②新しいDX事業を進めるうえでのアドバイスをもらい理事者説明に同席してもらい事業推進の根拠とする

　特に新しい事業をスタートするときには、職員より外部人材が提案したほうが採用されやすい傾向があるとも聞きます。そのため、各種計画書も職員ではなく事業者や外部人材が作成する、という文化がある自治体もあります。

　すべての自治体に当てはまるわけではないかもしれませんが、やりた

い事業がなかなか進まない場合は、このような広い視野を持つ外部人材から理事者などステークホルダーへの説得を行うのもテクニックの１つではないでしょうか。

そして、重要なのは、外部人材のアドバイスを一過性のものとして終わらせない姿勢です。たとえば、外部人材から、「職員の端末をノートPC化し、無線LANを整備してフリーアドレスを採用するなど新たな働き方を推進することで、業務の効率が上がり、住民サービスの向上が期待できる」というアドバイスがあったとします。それを、理事者への報告だけで終わらせず、組織でこの提案を実現するための手法を考え、かつ、その手法を理事者や職員にねばり強く説明し、合意形成を得て、職員の意識改革を図りながら実践していくというプロセスが大切です。

このような取り組みを重ねることで、「変化」に対して「柔軟に」対応する組織の文化が作られ、行政のDX化も進んでいくのではないでしょうか。

（２）職員全体のITリテラシーの向上

行政のDX化が進むにつれ、ITの知識が求められるのは情シス職員だけではありません。現場の職員も最低限のIT知識を身につけ、解決しなければならない案件が発生したときにその解決手段として適切なIT技術が提案できるようになるのが理想です。

そのために情シスでは、定期的なIT研修、情報セキュリティ研修、地域情報化アドバイザーなどの外部人材を招聘しての研修会の実施等、折に触れて現場の職員が最新の情報技術に接することができるようにしておく必要があります。

また、民間企業やNPO団体などで無料・有料で有益なウェビナーや研修が開催されています。そのようなウェビナーや研修を「業務での研修」と位置づけ、業務の種類に関係なく積極的に受講できるような体制

や、ウェブ会議専門のブースの設置など庁内の環境づくりが今後必要となってくるのではないでしょうか。

　そうした「ちょっとしたこと」から、業務の改善とそれを実現するためのデジタル化の新しいアイデアが生み出されるものと思います。

　行政のDXを推進するのは、もはや情シスだけではありません。情報リテラシーを身につけた「現場の職員」だと思います。

Ⅲ 人材育成は 庁内一丸で取り組もう

　人材育成は、情シスの努力だけでは実現しません。人事部門も含めた、組織の人材育成の方向性の転換が必要です。これからの激しい世の中の技術の変化に対応できる人材を育成するためには、スペシャリスト制度の導入や副業の解禁など、個々のスキルを自発的に高めることが評価されるような、組織の変革が必要となるでしょう。

　今後、自治体間でのデジタル人材の共有やデジタル庁への職員派遣など、人事交流や人材の流動化が活発になることが予想されます。また、そのような組織には、必ず強力なリーダーシップが取れる理事者やキーパーソンがいることも忘れてはなりません。そのような先進的な自治体のキーパーソンの人脈から全国の自治体の人材の流動化が進みつつあると感じます。

　これからの情報化社会を乗り切るには、今までのやり方を踏襲するのではなく、変革を恐れず、常に新しいことにチャレンジしていく組織に生まれ変わる必要があります。

7

【シゴト6】
データ活用

この章ではデータ活用について説明していきます。

ここで取り上げるオープンデータも、自治体がオープンデータとして公開したデータを自分で使ってみると、使いづらいことがわかります。オープンデータとして公開するだけでなく、ぜひ、自身でデータを利用してみてください。そして、不便に感じたことを解消して、データクレンジング（データを活用できるように加工・修正すること）がいらないデータを出せるように心がけましょう。インターネットが世界のありとあらゆる社会を結び付ける現代では、データは社会構成において非常に重要な要素の１つとなっています。

さまざまなヒト・モノ・組織がインターネットにつながることにより、膨大な量のデータ（ビッグデータ）が蓄積されつつあります。そのデータを分析・活用することが新たな価値創造につながることから、データは「21世紀の石油」とも呼ばれています。そのデータを用いて業務の効率化や生産性の向上に役立てるのがデータの活用です。

データ活用を語るうえでキーワードはいくつかありますが、本章では
・オープンデータ
・ビッグデータ
・EBPM（エビデンス・ベースト・ポリシー・メイキング、証拠に基づく政策立案）
を取り上げます。

Ⅰ オープンデータ

　基礎自治体の現場では、2016（平成28）年の「官民データ活用推進基本法」の策定により、オープンデータに取り組むことを（努力）義務づけられました。これを受けて、国では二次利用が可能なオープンデータの案内・横断的検索を目的としたカタログサイトが作られるなどの取り組みが進められています。

　ところで、オープンデータとは一体何を指すのでしょうか。

　それは、官民が保有するデータのうち、誰もがインターネット等を通じて容易に利用（加工、編集、再配布等）できるよう、コンピューターを使っての無償での二次利用が可能な形で公開されたデータのことをいいます。

　総務省では、2020（令和2）年までに、全国の自治体においてオープンデータの取り組み率100％を目指して、普及・啓蒙を続けてきました。デジタル庁の発表によると、2022（令和4）年6月現在、全国の自治体のオープンデータ取り組み率は約71％（1,270自治体／1,788自治体のうち）となっており、当初の目標より取り組み率が低くなっています。また、2021（令和3）年に公開したアンケート調査では、オープンデータ専属の職員を配置している自治体は約0.5％（9自治体／1,714自治体のうち）と、ごくわずかにとどまる結果でした。

　なぜ自治体においてオープンデータの取り組みが進まないのかという視点も含めて、オープンデータについて説明していきましょう。

1 オープンデータってなんだろう

　総務省からオープンデータの取り組みが提示された当時、取り組みの良事例としてよく紹介されていたのが、福島県会津若松市の事例です。特に「職員向けの Q&A 集」は漫画の 2 次利用可能な画像を用いて、オープンデータの定義や普及の目的についてわかりやすく解説しています。「オープンデータって何？」から知りたい方は、ぜひご覧になってみてください。

 福島県会津若松市「職員向けの Q&A 集」
URL https://www.city.aizuwakamatsu.fukushima.jp/docs/2009122400048/files/
QandA.pdf

2 掲載するデータの種類と公開手順

　それでは、自治体で公開できるオープンデータにはどんなものがあるのでしょうか。また、公開するためには、どのような準備が必要なのでしょうか。

　筆者もそうでしたが、オープンデータの公開で最初につまずくのはこの点です。「"データ"って書いてあるから、担当は情シスだよね」と仕事を振られたものの、まず何をどうしていいかわからない……と、悩む情シス職員はいまだに多いと思います。

　結論からお伝えします。

　「まずは、自治体が持っているデータのうち、個人情報を含まないデータを、エクセルなど後々加工できるデータ形式でホームページに掲載しておけばよい」のです。

掲載するデータで多いのは、

・年齢別などの人口情報データ

・自治体の基本統計

・保育園などの公共施設の住所、電話番号

・市の管理する公園やトイレなどの場所

・災害時の避難所の住所

・文化財一覧

・AED 設置箇所

などです。

　掲載する推奨データの項目と形式は、デジタル庁で「推奨データセット一覧」が公開されているため、他の自治体の掲載しているデータを検索して参考にしてみてください。

デジタル庁「推奨データセット」

URL https://www.digital.go.jp/resources/data_dataset/

ほら、そんなに難しくないですよね。

オープンデータを公開する手順は次のとおりです。

　①「オープンデータ推進にかかる基本方針」を策定する。

　②「オープンデータ公開・運用基準」を策定する。

　③公開できるデータをホームページに公開する。

　　※加工できるエクセル方式であることが必須です。データ確認の意味で
　　　PDFファイルもあわせて付けておくとなおよいです。ただし、PDFファ
　　　イルだけの公開はダメですよ。

　たったこれだけです。基本方針や運用更新については、他自治体の事例を参考にするとよいかと思います。

　その際に、公開するデータには、「クリエイティブ・コモンズ・ライ

センス（CC ライセンス）」の設定をしておいてください。これはインターネット上の著作権ルールで、オープンデータについては「この条件を守ればデータを自由に使って構いません」という意思表示をするもので、下図の種類の専用のマークがあります。

 特定非営利活動法人コモンスフィア「クリエイティブ・コモンズ・ライセンス（CC ライセンス）」
URL https://creativecommons.jp/licenses/

3　使いやすいオープンデータになっているか

　次に、公開するオープンデータが再利用しやすい形式かどうか、再度確認をしてください。

　たとえば、皆さんが他の自治体のオープンデータを利用して、近隣地域の多機能トイレマップを作ろうとしているとします。ところが、A市の公開している多機能トイレマップの情報は PDF ファイルで公開されています。B市の場合は、トイレマップの住所の番地が記載されていません。この場合、A市の情報はマップを作るために必要なデータ（CSVファイルとして加工ができるデータ）に変換しなければなりませんし、B市のデータは番地がないのでデータとして使いものになりません。

　なお、使いものにならないデータのことを「バッドデータ」と呼び、オープンデータとして使いやすくデータをきれいに修正することを「データクレンジング」と呼びます。

　皆さんの自治体で公開しているオープンデータが「バッドデータ」に

なってないか、今一度確認してみてください。そのためには、皆さんの自治体がオープンデータとして公開したデータを自分で使ってみましょう。使いづらさを感じませんか。ぜひ、オープンデータとして公開するだけでなく、自分でデータを利用し、そして、不便に感じたことを解消して、データクレンジングがいらないデータを出せるように心がけましょう。

さて、ここまでオープンデータの公開までの手順を説明しました。情シスの役割としては、オープンデータを公開するための準備を行い、公開する環境を提供するというところまでです。ここまでざっくりと説明をしましたが、現在のオープンデータの利用状況を見ていると、情シスとしてはこのような手法を取らざるを得ないと思います。この点はオープンデータの取り組みが進んでいない問題にもつながりますが、このことについては、オープンデータの活用方法に視点を当てて考えてみたいと思います

4　オープンデータの活用方法

オープンデータの活用主体は2つに分かれます。

①民間企業やNPO団体がデータ収集して、アプリの提供やビジネスの基礎資料とする（収集した情報を自治体向けアプリとして提供する場合も含む）。

②自治体が独自でオープンデータを使用したアプリなどを作成し公開する。

国の事例を見ていても、圧倒的に多いのが①です。たとえば、民間企業が、自治体の公開している公園の一覧のオープンデータを収集して「公園情報」として地図アプリにマッピングしたり、自治体のAEDの配置

場所のオープンデータから配置場所を地図上に示したアプリを提供したりしています。現在は、国も全国の自治体のデータカタログを集めたデータのカタログサイトを公開しており、そこからもデータを収集していると思われます。

 「データカタログサイト」
URL https://www.data.go.jp/

　記憶に新しいのは、各都道府県が発表している新型コロナウイルス感染者数のオープンデータを視覚化した「新型コロナウイルス対策ダッシュボード」です。

 「新型コロナウイルス対策ダッシュボード」
URL https://www.stopcovid19.jp/

COVID-19 Japan
新型コロナウイルス対策ダッシュボード

現在患者数/対策病床数	現在患者数
430%	**459,578人**
累積退院者	死亡者
21,646,265人	**71,136人**
対策病床数 106,663床	PCR検査陽性者数 33,019,467人

臨床工学技士 14,378人／人工呼吸器 28,197台／ECMO 1,412台
2020年2月現在 出典：一般社団法人日本呼吸療法医学会　公益社団法人日本臨床工学技士会
現在患者数 更新日：2023-02-14
対策病床数 発表日：2023-02-08
新型コロナ対策病床表は「感染症指定医療機関の指定状況」の下記合計と仮定
☑特定 ☑一種 ☑二種(感染) ☐二種(結核) ☐一般/精神)
☑「新型コロナウイルス対策病床数オープンデータ」を使用
☑「新型コロナウイルス患者数オープンデータ」を使用(速報)

		鳥取 459,578 / 106,663	石川	富山	青森	北海道
		鳥取 1152% 9,205/799	石川 335% 3,900/1,163	富山 318% 3,194/1,010	青森 358% 4,195/1,170	北海道 380% 17,664/4,644
山口 241% 3,091/1,282	島根 245% 1,274/520	岡山 426% 5,335/1,252	福井 176% 1,903/1,060	新潟 601% 6,376/1,060	秋田 1182% 8,433/713	岩手 489% 3,189/652
長崎 1740% 22,108/1,266	福岡 673% 27,394/4,069	広島 753% 16,007/2,123	滋賀 524% 5,349/1,019	長野 309% 4,002/1,292	山形 1012% 6,499/642	宮城 821% 21,379/2,601
佐賀 1311% 12,801/976	大分 108% 2,218/2,030	兵庫 373% 13,145/3,524	京都 597% 12,986/2,173	山梨 65.7% 1,217/1,420	群馬 325% 7,909/2,432	福島 178% 3,568/2,002
熊本 317% 7,004/2,209	宮崎 394% 3,838/973	大阪 273% 27,091/9,910	奈良 1945% 29,916/1,538	岐阜 10.6% 299/2,805	埼玉 485% 18,030/3,718	栃木 304% 5,459/1,791
鹿児島 79.6% 1,854/2,329	愛媛 533% 3,816/715	香川 343% 2,775/809	和歌山 15.4% 126/814	静岡 553% 8,626/1,558	東京 307% 48,238/15,720	茨城 547% 19,908/3,637
沖縄 87.1% 1,440/1,653	高知 924% 5,077/549	徳島 181% 1,382/761	三重 1023% 10,135/990	愛知 313% 12,626/4,032	神奈川 280% 10,511/3,751	千葉 487% 17,026/3,489

　それに対して、自治体独自でソフトウェアツールを使用して、自らウェブサイトやアプリでオープンデータを公開している例は、会津若松市の

「会津若松＋（プラス）」などがありますが、全体数としては少なく、各地域にある「Code for ××」といった地域活動や大学、団体と連携している例のほうが多く見られます。

　自治体独自でオープンデータを活用したアプリや地図を作るには、先ほどのデータクレンジングも含め、専用ソフトウェアへ落とし込むためには専門的な技術を要するため、情シスで内製するには限度があるように思います。

 福島県会津若松市「会津若松＋（プラス）」
URL https://aizuwakamatsu.mylocal.jp/

5　今後の課題

　自治体がデータを公開しても、それを地図データなどで利用するのは「企業や団体」であり、また、データを活用した住民向けのアプリを自治体から委託して作成するのも「企業や団体」がほとんどです。

　特に、最近は各地の団体等が主催し、日常生活の課題解決のためにデータ活用のアイデアを募る「アイデアソン」や課題解決ツール開発技術を競う「ハッカソン」などが活発に行われており、「こんな住民サービスを作りたい、こんなデータが必要だからオープンデータとして公開してほしい」という理由づけからのデータ公開の流れがあるように感じます。

　そのため、自治体の政策として「こんな住民サービスをしたいからこんなオープンデータが必要」という明確な施策か、住民側からの「こんな住民サービスがほしいからこんなオープンデータが必要」という明確な声がない限り、自治体からのオープンデータの積極的な公開は進まない懸念も感じられます。そのうえ、取り組み具合にも地域差があり、アイデアソンやハッカソンの文化、ひいては市民（Civic）自らがテクノロジー（Tech）を活用して、自治体サービスの改善や地域社会の課題解決

に向けたサービスを開発・提供していこうというシビックテックの動き
が根づいていない地域では、オープンデータの民間活用の事例も少ない
ように思います。

　なんだか、鶏が先か卵が先かのような構図ですが、情シスとしては一
歩一歩、地道に機運を盛り上げていくしかないのかなと思います。

　また、企業が情報を全国的なマップに展開したくても、現在の全国の
自治体のオープンデータの取り組み率を見ると、すべてのデータが揃わ
ずマップの完成度が低くなる、という問題もあるのではないでしょうか。
　さらに、自治体のオープンデータの活用が進まないもう1つの原因と
して「ビッグデータの台頭」が挙げられます。

Ⅱ ビッグデータ

　総務省の解釈では、ビッグデータとは、①自治体が所有するオープンデータ、②企業が所有するノウハウや産業データ、③個人の属性情報や移動・行動・購買履歴などの個人情報を含む「パーソナルデータ」を指します。特に、③のパーソナルデータは、たとえば個人のインターネットの検索履歴からリコメンド（ウェブサイトへのアクセス履歴などから利用者の関心項目をグループ化し、グループ内ではよく見られているが、利用者がまだ見ていない商品を表示させる仕組み）が表示されるなど、インターネット上に蓄積された私たちのあらゆる情報（データ）をもとに、AIにより高度に分析されたサービスが現実的に行われている状況です。

　このような状況では、①自治体の提供するオープンデータは必要な情報ながら、「住民に適切なサービスを提供する根拠となるデータ」となるまでには至りません。そこには、③住民のパーソナルデータというビッグデータが必要です。世の中の流れとして、オープンデータのレイヤー（階層）の上に巨大なビッグデータのレイヤーができ、オープンデータ提供の必要性が希薄になってきたことに加え、オープンデータの取り組み率の低迷によるデータの不完全性、バッドデータの存在がオープンデータの普及を鈍化させている原因ではないかと推察します。

　とはいえ、オープンデータは必要な「データ」です。オープンデータを公開するにあたり、予算は不要です。公開するデータを147ページの注意事項に従ってホームページにアップするだけです。さっそく明日から取り組んでみましょう！

EBPM

　EBPM（Evidence Based Policy Making）とは、政策立案時にその根拠となる数字などを明確に提示して合理的な根拠を示すことです。政策部門や事業部門では、政策立案時や予算計上時によく使われる言葉です。

　たとえば公共施設利用のため、以下のように新たなアプリを作ることになったとします。

　「今までは公共施設利用をするには、住民の方が役所に来て申請書を書き、職員が申請書の許可書を紙で作成し、施設利用管理簿に記入する、という業務フローで行っていました。

　アプリでは、住民がアプリで対象施設を選択し、空き時間を確認したうえで利用時間帯を選択して予約します。予約ができれば、画面に「予約完了」と表示され、（予約）確認のメールがあらかじめ登録していたメールアドレスに送信されます」

　このようなアプリを構築する際、自治体内の理事者説明や予算査定の席上でどのような説明をされますか？

　EBPMに基づいて説明すると、

　「現在、当市の公共施設を利用する市民は年間のべ2万人います。うち、1万5千人が利用申請書を記入しに役所に来ます。申請書にはA4用紙2枚を使用し、利用許可書にはA4用紙1枚を使用します。紙とコピー代で1件の申請に20円のコストがかかります。申請処理にかかる時間

は約30分。処理を行う会計年度任用職員の時給換算では500円となります。

　現在の処理方法での1件当たりの処理コストは人件費も含めて520円。年間で780万円のコストがかかります。対して、アプリの導入費用は初年度200万円、保守料金は年間20万円ですので、費用対効果が十分図れます。

　また、先日実施した市民アンケートでは「公共施設利用の予約について80％の人がアプリを利用した予約方法を導入してほしい」と回答していました。そのため、公共施設予約のアプリ構築は、合理的な根拠があり有益な施策であると思われます」といったデータを根拠とした論理的な説明となります。

　EBPMの考え方は、今後のデータ社会において提供されるであろうと分析された精度の高いデータを活用していくためにも必要なスキルです。政策部門や事業部門がEBPMを活用した政策立案を図るには、次のとおり情シスによる環境構築も重要です。

- ・インターネット上からの情報収集が可能となるよう、セキュリティに配慮しながらも、できる限り、多くのサイトにアクセスできるようにする。
- ・庁内で所有しているデータを、共有フォルダなどを利用して蓄積して共有する。
- ・対象施策効果などの因果関係を求めるなど、高度な解析を行う場合は、対象データの仮名加工を行うなど適切な個人情報処理を行う。

　各業務部門では、国や都道府県の調査などで膨大な基礎データを持っていますが、それらは担当者だけが保持している状態であることがほとんどです。たとえば、新規就農者の数、水道施設破損件数、転入して来た小学生の人数、年間入札件数などです。これらの情報を、部門別でも

構わないので、庁内の共有フォルダに格納し、探しやすくラベリングしてデータ共有すれば、事業部門や政策部門の政策立案時に非常に有効ですし、議会対応にも役立ちます。特に、過疎債など、地方債の借り入れ時の申請書類にはこのような数字は非常に役に立ちます。

　また、自治体で行政手続きの照会アプリ（チャットボット）を導入している場合、その回答例の収集にも役立ちます。

　情シスの運用として、最新のデータに更新するという手間と、ストレージの整備が発生しますが、ぜひ環境整備に取り組んでいただきたいと思います。

　ほかには、経済産業省が推進するRESAS（地域経済分析システム）では、活用方法の動画なども提供されていますので入門編としても活用を意識づけるとよいと思います。

 経済産業省・内閣官房デジタル田園都市国家構想実現会議事務局「地域経済分析システム」
URL https://resas.go.jp/

　今後は、オープンデータ、ビッグデータに限らず、Web3.0と呼ばれる個々がデータを所有し直接取引される時代となります。自治体の情シスとして、データ活用は政策や現場の仕事と割り切るのではなく、新しい技術の動きから目を離さず、適切なインフラ整備を行う視点を忘れないようにしていきましょう。

第8章

【シゴト7】これからのIT
インフラの構築について考えよう

Ⅰ　よりよい調達に向けて

　情シスの主な役割は IT サービス（情報システム）の管理と運用ですが、ネットワーク、サーバー、端末など IT サービスの基盤となるシステムインフラ（以下「インフラ」）の構築も大きな役割の 1 つです。

　役所全体の業務を支える IT サービスの基盤となると、それを使って業務を行う職員の働き方に大きく影響することは当然のことですし、自治体のパフォーマンスの向上にも直結します。当然、必要なコストを十分にかけて効果をしっかりと出せる基盤を構築したいところですが、この作業に要する時間と費用は決して小さなものではありません。導入に関する企画検討から設計調達までのインフラ構築の全体的なマネジメントを行える職員がいる自治体は少なく、また、予算を確保するために庁内合意形成や財政部署との折衝までのことを考えるとなかなかハードルの高い役割となります。そのような事情もあってか、インフラに関する予算というのはどの自治体もそう多くなく、総務省「情報通信白書」によると、一般会計予算の概ね 1 ～ 2 ％程度、多いところで 4 ％程度となっているようです。

　また、小規模自治体になると担当者が 1 人しかいない、いわゆる「ひとり情シス」であることが多く、日常的な管理と運用だけで手一杯となりがちです。スゴ腕の「ひとり情シス」であったとしても、目まぐるしく変わる技術のトレンドやニュースをフォローしながら、それらを自らの現場に活かす取り組みを行うことは、至難の業だと思います。

　このような状況ですから、基本的には付き合いのあるベンダーから

の提案をベースに機能を足したり減らしたりするだけの仕様書であったり、提案そのものをまるっと落とし込んだ調達に基づいたインフラ構築になってしまいがちです。

　と、このように書くと情シスの一員になったばかりのあなたにとっては、インフラの構築はベンダーの提案に乗ってサッサと終わらせたい実に面倒なシゴトに思えてしまうのではないでしょうか。でも、ここで考えてほしいのは、ベンダーの提案はあくまで商品であり、自治体がこうありたいと思い描く情報システムの姿ではありません。皆さんの調達がよりよいものとなるように、ここではいくつかポイントを挙げながら、インフラの調達を前向きに実践してもらえるように説明したいと思います。

Ⅱ 現状を把握しよう

　おそらくあなたは、これまでユーザーとしてインフラを空気のように利用していたことでしょう。管理する側になって初めて、インフラがどのような仕組みになっているのかを意識することになるはずです。また、このインフラにどの程度の費用がかけられているのかを知ることで、きっと、コストパフォーマンスを考えざるを得なくなるのではないでしょうか。

　コストパフォーマンスに思い至ることは、技術的な言葉や能力を身につけることよりも大切なことです。この気づきは、情シス担当としての基礎的なマインドセットとなり、それこそが情シス担当としてスタートの位置についたといえます。重要な気づきなので大事にしてくださいね。

1　最初に理解すべきはインフラ構成図

　まずは、普段使っているインフラがどのような構成になっているか把握しない限りは始まりません。このときやってはいけない（やらないほうがよい）のは、ベンダーや SIer（エスアイヤー、System Integrator の略、システム開発や運用などを請け負う企業のこと）が作る小難しいネットワーク設計書などを見ることから始めてしまうことです。あなたが経験者やよほどの設計書マニアでもない限り、気負って専門的な資料を見ようとしてしまうと不思議なほどにやる気を失ってしまいます。

　そこで、はじめは、前任者が作成した（もしくは代々引き継がれた）平易な構成図があると思いますので、その図を見ることからチャレンジしましょう。そのような資料がない場合は、自分で作ってみます。実際

のサーバーやネットワーク機器を確認しながら、機器の役割を調べ、ケーブルでどのようにつながっているのか、あなたにとってわかりやすく作図していくことで、状況の把握と理解に役立ちます。このようにインフラの構成について一定の理解が進んだところで、初めて専門的な資料を見るようにしましょう。自分の描いた図との違いに気づき、漠然としていた図形の集まりが、この図のこの記号がわからないといった具体的な質問に変わり、先輩や保守業者とのやり取りもしやすくなります。

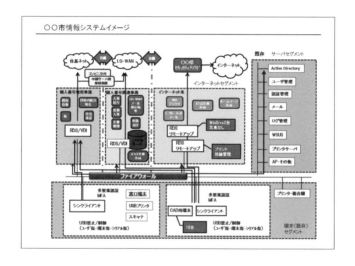

2 インフラコストを把握する

　次に、インフラのコストについて把握してみましょう。わかりやすい方法は、契約書の内容と金額を表にまとめることです（162ページ参照）。契約の手法や内容については自治体ごとに異なると思いますが、サーバー、ネットワーク、端末の導入時に掛かった費用（イニシャルコスト）と保守運用に掛かる費用（ランニングコスト）に分けるだけで十分だと思います。もちろん、日常的な管理運用に必要な作業と時間もざっくりでいいので考慮しましょう。コストには、サーバールームなど建物や

場所の維持に必要な見えにくいコストも含まれるため、「総保有コスト（TCO：Total Cost of Ownership、総所有コストとも。ITの導入から廃棄までに関わるあらゆるコストの総額）」として考慮することを忘れないでください。

　筆者の場合、単年度ごとの費用をインフラの世代ごとにまとめています。たとえば「ある年から5年間に使用するインフラ」のように、世代としてまとめることで、その世代のインフラで実現したい働き方とそれを支える技術の推移のようなものが浮き彫りとなります。

2017-2022 システム基盤														
調達内容	契約機/期間	数量 保守	機器費用 作業費月保守費	月額	年額総額	H29年度	H30年度	H31年度	R02年度	R03年度	R04年度	R05年度	R06年度	R07年度
1 仮想化基盤	リース H29.12~R4.11	*** 有			********	********	********	********	********	********				
2 端末・プリンタ	リース H31.3~R6.2	*** 有	******* ******* *******		********									
3 端末	リース R2.1~R6.11	*** 有			********									
4 端末	リース R3.1~R7.12	*** 有			********									
5 端末	購入 R1.10	* 無			********									
6 TV会議システム	リース R3.1~R6.12	* 有			********									
7 NW機器	リース R3.3~R8.2	有			********									
8 ソフトライセンス	購入 R2.6	*** 無			********									
9 セキュリティ	業務委託 R5.4	有												
10 図画	使用料 ~R5.4	有												

2022-2027基盤											
調達内容	契約機/期間	数量 保守	機器費用 作業費月保守費	月額	単価総額	R04年度	R05年度	R06年度	R07年度	R08年度	R09年度
1 クラウドサービス	通信料 R4.9~	***			********		********	********	********	********	
2 クラウドライセン	通信料 R4.8~	***			********	********					
3 クラウドサービス	通信料 R4.8~	***			********						
4 クラウドサービス	通信料 R4.7~				********						
5 クラウドサービス	通信料 R4.8~	***			********						
6 ブレイクアウト回	通信料 R4.8~	*			********						
7 CSP直結閉域網	通信料 R4.8~	***			********						
8 仮想基盤保守維	委託料				********						
9 旧基盤延長保守					********						
10 仮想化基盤撤去等	委託料				********		********	********			
11 端末	購入 R4.7	***			********						
12 セキュリティー等	購入 R4.7	***			********		********	********			

　このデータは、次世代のインフラを考える際の基礎データにもなりますし、予算を確保するために財務部署を説得する際の資料にもなります。もしそのような資料が見当たらない場合には、過去の資料を遡って、一世代前ほどまでまとめてみましょう。インフラ導入や更新時の議論や検討の根拠となり、漠然と「高い！」「いや妥当だ」となる不毛な論争になるのを防ぐのではないかと思っています。

3　情シスと情シス以外の「溝」を知る

　「キャズム（Chasm）」という言葉を知っていますか？　「溝」「隔た

り」という意味で、新商品や新サービスが一部の新しいもの好きやマニア層から拡がって、一般に受け入れられるようなものになるには目に見えない大きな溝があり、それを克服することが市場開拓には必要だというマーケット理論です。

　翻って、IT関連では、新たな技術やサービスが普及段階に入った場合に「キャズムを超えた」などと使います。

　日頃、情シスで話されている技術やサービスの話は、庁内の大多数の職員にとっては未知の内容ばかりです。そのため、情シス担当者の感触としてキャズムを超えていることが明白であっても、庁内で認知されていない新たなITサービスを導入しようとする場合には、このサービスはキャズムを超えているかを改めてわかりやすく語らなければなりません。特に、まだ自治体において導入事例が少ないサービス、技術やアプローチ、利用者が知らない、認知されていないIT技術についてはなおさらです。さらに、そのサービスが現場の業務に影響を与えるものであるなら相当丁寧な説明と準備が求められます。

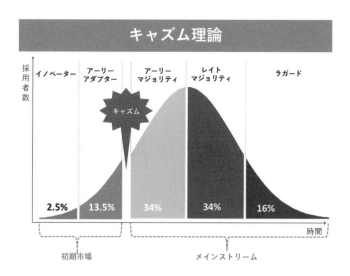

出典：東京大学協創プラットフォーム開発株式会社資料

もちろん新しいITサービスとそれがもたらす効果とコストの比較、コストパフォーマンスは重要な要素であるため、キャズムを超えない技術やサービスに対してむやみに自治体がコストを掛けて導入することは好ましくないですが、キャズムを超えて普及しそうな技術やサービスにチャレンジすることが、先行投資として大きなコストダウンにつながることもまた事実です。情シスとしては、IT業界、技術の動向を日常的に情報収集し、時には自らで体験することが大切だと思います。そのためには、常に自治体を取り巻く課題を問題意識としてとらえておくことが非常に重要です。

　なお、キャズム視点でもう1つ配慮しなければならないのは、利用者の視点です。現代ではかなり幅広い世代にスマートフォンやSNSは浸透しています。キャズムを超えていますね。しかし、いわゆるデジタルデバイド（情報格差）は、ITサービスを住民の誰にどのように提供するかによっては依然として解消すべき課題として存在しています。利用者の存在を忘れた技術先行に陥りがちなのも情シスの宿命でしょうか？「ITは業務のための道具」ですので、使う人を思いやる人にやさしいIT、デジタル技術を常に念頭に置いておきたいものです。

Ⅲ 何のためのITかを考える

　繰り返しになりますが、IT サービスを構成するサーバー、ネットワーク、端末などは道具です。道具を導入すること、それ単体では効果を得ることはできませんが、目標を定めることにより初めて広く大きな効果を得ることができます。

　では、使うことにより効果を発揮する道具とはなんでしょうか。

　たとえば素手で穴を掘るよりスコップを使ったほうが早く掘れるでしょうし、さらに重機を使えば素手で掘るのと比較にならないくらい効率的に穴を掘ることができます。生身の人間が行う作業は、道具を使うことによって効率化する一方で、小さい穴を掘るのに大きな重機は必要ありません。つまり、正しく道具を選択し、使うことで、利用者、利用する組織の能力を拡張できるわけです。もちろん利用する側に備わっている資質や基礎的な能力には差異がありますので、みんなが等しく正しく使ったとしても効果に違いが出てくるのは仕方のないことですが、正しく使える仕組みをもった道具であれば利用する人や組織の能力は最大化しやすくなります。

　当然ですが、道具としての機能に制限がある場合、たとえば 1 日 2 時間しか使えない、上司の許可がないと使えない、などの制限があると、当然、能力も最大化させることは難しくなります。

　自治体の IT も、本来の目的を達成するための道具であることを忘れずに、正しく能力を最大化しやすい IT サービスの構築を目指しましょう。

「そこに住む人々の生活を支える」ことが自治体の目的ですが、人口減少のトレンドにある中で求められる公務員の姿も変わってきます。総務省が主管する「自治体戦略2040構想研究会」（2017（平成29）年〜2018（平成30）年）では、2040年代には団塊ジュニア世代が65歳以上となり高齢人口がピークを迎える一方で、生産年齢人口の減少により労働力の確保が課題になるとして、すべての自治体で業務の自動化・省力化につながる破壊的技術（AIやロボティクスなど）を徹底的に使いこなすスマート自治体へと転換し、持続的な暮らしを実現するために地域の公共私の資源をつなぐ「プラットフォーム・ビルダー」としての役割へとシフトすることが求められると報告しています。

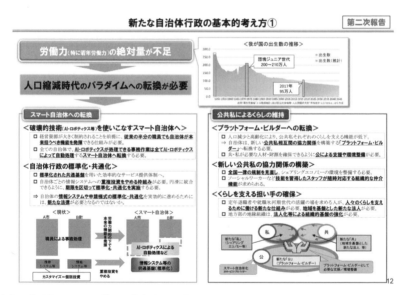

出典：自治体戦略2040構想研究会 第二次報告

　このように、自治体の姿は今後大きく変わることを求められていますが、「そこに住む人々の生活を支える」という自治体の目的は変わりません。こうした人口減少時代の自治体が役割をまっとうするために、必

要な働き方を支えるインフラを構築する（道具を提供する）ことが、私たち情シスのミッションとなります。

COLUMN **情シスとハコモノ整備のアツい関係**

　皆さんの自治体で、最近、ハコモノ（自庁舎、公民館、既存庁舎内のオフィス改革）整備をした経験はありますか？　ハコモノ整備は予算部門と建設部門の仕事、なんて思っているそこのあなた！　違うんです。ハコモノ整備の裏には、情シスあり。情シスなしではハコモノ整備は終わらないのです。

　新庁舎建設を例にとりましょう。まず、基本計画で新庁舎の基本方針が描かれ、それをもとにプロポーザルが行われ設計業者が決定します。

　ここからが大切です。設計業者が決まったら、新庁舎建設担当部署に、設計業務の情報共有と場合によっては設計協議への同席をお願いしましょう。基本設計が終了するまでが、タイムリミットです。実施設計に入ってからでは遅いのです。

　なぜなら、基本設計の段階で光ファイバをどこから引き込むか、EPS（電気配信配管）をどこに設置するのか、床下高をどこの範囲でどこまで取るのか、サーバールームの床下高の仕様をどうするのか、非常用電源を設置するのか、それをどこに配線するのか……などなど、庁内ITを稼働させるために必要な屋内仕様が、そのタイミングで決まってしまうからです。

　情シス部門としては、フロアスイッチの置き場所や、光ファイバの引き込み口からサーバールームへの配線ルートなど、物理的なネットワーク構成をあらかじめ考えておかなければなりません。また、BCP計画に基づいて、何時間稼働できる非常用発電装置を設けるか、どこに非常用電源の供給口を設けるかの検討も必要です（今後サーバールームは不要になるかもしれませんが……）。新庁舎の建設を機にネットワーク構成を一新しようと考えている自治体は、基本設計開始までにインフラ整備事業者を決定しておきましょう。

　繰り返しますが、建物の基本設計終了後は後戻りできません。このタイミングで「床下配線したいから床下を５センチ高くして」といっても後の祭りです。変更契約をして議決して納期を遅らせてもいいのなら話は別ですが。ハコモノを建てる、改修する、オフィス改革が始まる。そんな話を耳にしたら、情シスは臆せず首を突っ込みに行きましょう。後で首が回らなくなるよりはマシですよ！

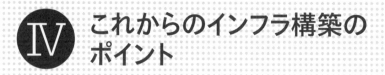

Ⅳ これからのインフラ構築のポイント

　では、公共の資源をつなぐプラットフォーム・ビルダーを実現するにあたって、情シスはどのようなインフラを構築するべきなのでしょうか。

　人口が減り、地域資源が少なくなる時代に、今後職員の数だけが増えることは考えにくく、また、自治体の行政需要が今後急激に減ることもありえません。そうなると「職員一人ひとりのパフォーマンスを最大化しながらも柔軟にチームを編成する」必要があるというより、そうせざるを得なくなるのだろうと思います。

　これまでの窓口業務をスマートに省力化しながら、職員は窓口から積極的に飛び出して地域の資源をつなぐことになります。さらに、いつものメンバーや部署として組織にこだわることなく、専門性の異なる多様なメンバーによるチームとして活動することも考えられますし、所属する部署として集まることもあるでしょう。これからは、ゼロかイチではなく、柔軟に形を変えながらも専門性をもって働くフレキシブルな組織を支えるインフラが必要になります。そう考えるととても難しいことのように感じるかもしれませんが、すでにそのような働き方を始めている企業もありますし、逆にそのような企業とチームを組んで地域の暮らしを支えることもあるかもしれません。

　新型コロナウイルス感染症によって、これまでに誰もが経験したことのない世界的な行動制限が行われましたが、それにより人々がオフィスや学校に集まらなくてもインターネットを通じて継続的な活動を行えるテレワークがまたたく間に社会に認知され急速に普及しました。

テレワークではさまざまなクラウドサービスが利用されています。代表的なものとしては Zoom や Teams などのオンラインミーティングのサービス、さらにスケジュール管理やファイル共有などの機能を加えた Google Workspace や Miro、Slack のようなコラボレーションツールなどがあります。これらは従来のシステムのように所有するものではなく、サービスとして利用するものなので、サーバーやラックを設置する必要がありませんし、利用するまでに時間も掛かりません。必要なものは、インターネットに接続できる環境だけです。その環境さえあればどこからでも利用することができる特徴があったので、コロナ禍においても急速に普及することになりました。

こういったクラウドサービスによるテレワークの働き方をベースにしたインフラの構築を検討することも、今後のインフラ構築のポイントの1つです。

新型コロナに限らず感染症と共存していくためにも、労働力の分散と集約を繰り返し行う社会機能は今後も必要でしょうし、その機能や技術は今後も不断にアップデートされていくでしょう。私たちは、そのような技術などの時代の変遷を捕捉し、そこから得た知見や社会機能を人口減少などの社会的課題に対する解決手段として利用することは、非常に大事な視点なのではないでしょうか。

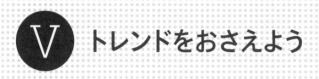

V　トレンドをおさえよう

　現在、多くの自治体では第4章で解説した総務省の「地方公共団体における情報セキュリティポリシーに関するガイドライン」におけるセキュリティモデルの分類を参考に情報システムのインフラ構築がなされていると思います。このガイドラインにより、それまでバラバラだった自治体の情報セキュリティ対策を一定以上のレベルに揃えることで、自治体全体としての情報セキュリティを向上させる施策が拡がりました。三層の構え（三層分離）と呼ばれるセキュリティモデルが提示されたことにより、当時の多くの自治体は境界防御型のセキュリティモデル（αモデル）を選択せざるを得ない状況となり、ファイルの受け渡しや外部とのコミュニケーションが煩雑になったことで現場が混乱した状況もありましたが、その後のガイドラインの改定によりクラウドサービスの利用を想定した情報セキュリティモデル（βモデル、β'モデル）が追加されるなど、自治体情報システムにおけるクラウドサービスの利用を促すことで、セキュリティを維持しながらも利便性の高い情報システムへの移行が徐々に進んでいます。

　また、政府は、情報システムを整備・調達する際には原則的にクラウドサービスを第1候補として利用する「クラウド・バイ・デフォルト原則」を定めるとともに、政府が求めるセキュリティ要求を満たしているクラウドサービスをあらかじめ評価・登録することで、クラウドサービス調達におけるセキュリティ水準の確保を図る「政府情報システムのためのセキュリティ評価制度（ISMAP：Information system Security Management and Assessment Program、イスマップ）」を設けること

でクラウドサービスの円滑な導入を促進しています。また、自治体の基幹業務（住民情報を扱う）システムを標準化・共通化することで国民の利便性を向上させ、公平で迅速なシステムの構築を目指すいわゆる「自治体標準化システム」の方針にも、この原則と評価制度に基づいて「ガバメントクラウド」をデジタル庁が調達します。

　これらのことから、今後の自治体情報システムの調達はクラウドサービスの利用を第1候補に行われるべきですが、ここで重要なのはそれを利用する私たち（というより端末）のネットワーク上での立ち位置です。現在のような境界防御されたネットワークの内側からクラウドを利用するのではなく、外側からクラウドサービスを利用する（もしくは内側からでも利便性高く利用する）ことが重要です。前に述べたとおり近い未来の働き方が地域に出て仕事をするアウトリーチ型になるとするなら、外部のネットワークでクラウドサービスを直接利用するほうが効率的ですし、地域住民や多くの関係機関との協働に必要なIT環境もフラットになります。もちろん外部のネットワークを利用して働くためのセキュリティ対策を行うことは当然ですが、これを実現させるためのセキュリティモデルとしてゼロトラストセキュリティが注目されています（第4章参照）。

　いずれにしても、ITインフラは頻繁に更新するものではなく、調達の際には5〜10年先の将来を見据えつつ、しっかりとコストを掛けて構築して働き方を変えたり業務を効率化したりすることで、地域の暮らしを維持することにつなげることができます。首長や財務部門にもしっかりと理解してもらえるように常日頃からコミュニケーションを取りましょう。

積極的なコミュニケーションで よりよい調達を目指そう

ITの調達に限る話ではありませんが、何かを調達すること自体は特に難しいことではなく、事務的な手続きを淡々と進めることで調達自体は完了します。おそらくあなたがITインフラを調達するとなったときに悩んだり難しいと感じたりするなら、それは調達事務そのものではなく、どのようなインフラを構築するのかを検討して決定することだと思います。それが難しいので、ベンダーやSIerに提案されるものをそのまま調達してしまいがちです。もちろんそのことを咎めるつもりもありませんし、事業者からの提案を受けることは正しい方法の1つですが、選択して決定するのは自治体で、お金をかけて利用するのも自治体という至極当然のことを忘れてはいけません。だからこそ実現したい目的と利用したいITサービスの姿をしっかりと持つことは大切です。とはいえ、そのようなイメージを描くには、日常的に技術や情報に触れていることが必要で、それも一朝一夕に身につくものでもありません。まずはあなたの自治体の現場の声に耳を傾けるとともに、イメージを描くために専門家や有識者からトレンドや事例について話を聞きましょう。

導入の目的を明確化し、専門家や有識者とのコミュニケーションで調達したい内容のイメージが描けたら、次はそれを実現するための技術やサービスについてベンダーやSIerに情報提供依頼（RFI）を出しましょう（RFIについては第3章を参照してください）。

ITに関する情報は他のジャンルと比べて大量の情報がウェブにありますので、専門のメディアやニュースサイトなどを通じてある程度の情報は簡単に収集することができます。ただし、ここで注意が必要なのは他

の自治体の事例です。「○○市が▲▲社の■■を採用しました」という情報があります。当然ですがその自治体が判断し選択したことで、その自治体の課題や状況に応じた結果ですが、どの自治体にも安易に横展開できるものとして表現されていることがあり、あなたの自治体で同じ効果を発揮できるかどうかを見極める必要があります。

RFI には費用の情報提供ももちろん含まれますが、クラウドサービスを利用して構築する場合には従来のオンプレミスで構築する場合と比べて費用の価格が固定されにくいという特徴があります。これはリソース（ここではサーバーなどのこと）を所有せずに柔軟に拡張できるという最大の特徴と、外資系の事業者が多いことから支払いが外貨建てのサービスが多く為替変動が影響するという２つの要因によるものです。さらに、クラウドサービスによってはサービスを利用する際に発生する通信量によって費用が発生するものもあるため、注意が必要です。余談ですが、クラウドサービスに関する経費の支出科目は、通信運搬費として役務費から支出することが適当とされているのも特徴的です。

調達の作業における一番の山場は、おそらく仕様書の作成だと思います。これも入札なのか提案公募なのかによりますが、提案公募のほうがより広く提案を受けられますし、入札のほうがより価格競争が働きやすいのは周知なので調達方法については触れません。どちらにしても国内での事例はあるのでそれぞれのフォーマットは参考になりますし、スペック（性能、性能諸元）的な仕様については事前の情報収集ができていれば内容を確認して必要な部分のみを転記すればいいので、ゼロから仕様書を書き起こす必要はあまりないと思います。

仕様書の作成が終われば後は情報を公開して入札や提案に参加してもらうだけですが、実は昨今の DX に関する関心の高まりによる需要の増加や人材不足によりベンダーが対応できないケースが増えています。地域にクラウドサービスによるシステム構築に熱心なベンダーがいるとよ

いのですが、物理的に近くでなくても、オンラインを通じた構築ができるのもクラウドサービスの特徴です。オンラインコミュニティを効果的に活用して、地元にこだわらずなるべく幅広いベンダーが参加できるような工夫も必要になるでしょう。

　ここまで IT インフラ構築でおさえておきたいポイントを述べてきましたが、最後に一番大切なポイントとしてお伝えしたいことが「ひとりで考えない」ということです。

　先に述べましたが、IT インフラは利用する職員や職場の働き方とパフォーマンスに大きく影響します。インフラによって能力を制限してしまうこともあるため、単にコストだけにフォーカスした調達ではなく、自治体として目指すべき姿をしっかりとイメージしながら掛けるコストはしっかりと掛けることが重要です。

　そのためにも、上司はもちろんのこと、外部の有識者や専門家を巻き込んで、首長や財政部門ともしっかり何度もコミュニケーションを取りながら進めることができれば、よい調達につながりますし、何より情シスの負担を減らすことにもつながります。さらに前章までで何度も出ていますが、自治体間のネットワークも有効に活用しましょうね。

　これから数年間は、これまでの「所有するインフラ」から「利用するインフラ」への転換期となり、今後はそのようなサービス導入実績や情報も増えてきますので、次の更新時にはぜひ新しいインフラへの転換にチャレンジしてみてください。

編著者紹介

自治体 DX 研究会

○編集代表、第1章担当

遠藤芳行／大田区福祉部福祉管理課調整（福祉システム）担当係長（課長補佐）
『住民課のシゴト』(ver.2 含む) に続いて2冊目の登場。情シス歴は無駄に長く、元
電子計算課の COBOLer で、なによりシステム運用が大好き。現在は業務部門の情
シスで福祉分野の標準化対応や DX に精を出す。趣味はセキュリティと個人情報保護、
特に PIA とマイナンバー法の別表をこよなく愛する変態。
さらに、副業の NPO 法人や Facebook で全国の自治体職員総変態化を目指
し、Podcast で普及活動もしているとか（右の二次元コードから NPO 法人
HP の Podcast ページへ！）。噂では、新個人情報保護法第69条の「相当の
理由」探しの旅に出かけようとしているらしい。

○第2章、第5章担当

齋藤理栄／埼玉県深谷市市民生活部収税課
趣味のバイクを楽しむために、休みが多い公務員に転職したはずなのに業務改革が楽
しくなってしまって、今は仕事が趣味のような状況になっている。
バイクを自分好みにカスタムするように、自分が住んで働くマチを業務改革で住みや
すく働きやすくしたいと思っているらしい。
フリーター、オートバイ商（古物商）、バイク販売店勤務を経て、市役所入庁。年金、
農業振興、情シスを経験し、現在はデジタル改革を現課から実践中。

○第3章、第4章、第6章、第7章担当

山下みさと／愛媛県西予市総務部監理用地課課長補佐
東京の外資系 SIer のシステムエンジニアから人口3万5千人の自治体に U ターン転職。
市長政策秘書、新庁舎建設、情シス、政策推進、まちづくり推進、契約法務を担当。
夫も近隣自治体のひとり情シスのため（22年目）、県の情シスの会議で顔を合わせる
と気まずかった。クラシックサクソフォンを吹き、クラシックコンサートにも目がな
いらしい。

○第8章担当

中窪 悟／鹿児島県肝付町デジタル推進課課長補佐
光ファイバー網、携帯電話基地局、フリー Wi-Fi などのインフラ整備から、ネットワー
クや仮想化基盤など情報システムの構築、はたまた地域のデジタルデバイド対策を行
う NPO 法人の起ち上げまでフルスタックでやっちゃう元祖☆ IT ボーイ。
おそらく自治体で初めてゼロトラストネットワークを構築し「働く環境からの DX」
を実践している。座右の銘は「愛を語るより口づけをかわそう」ならぬ「議論を交わ
すより手を動かそう」らしい。

（2023年2月現在）

自治体情シス担当のシゴト

令和5年4月20日　第1刷発行

　編　著　自治体DX研究会

　発　行　株式会社ぎょうせい

　　　　　〒136-8575　東京都江東区新木場1-18-11
　　　　　URL：https://gyosei.jp

　　　　　フリーコール　0120-953-431

　　　　　ぎょうせい　お問い合わせ　検索　https://gyosei.jp/inquiry/

〈検印省略〉

印刷　ぎょうせいデジタル株式会社　　　　　　　©2023　Printed in Japan
※乱丁・落丁本はお取り替えいたします。
ISBN978-4-324-11226-7
(5108841-00-000)
〔略号：情シスシゴト〕